You can never succeed on the desk cluttered up.

知識ゼロからの

ビジネス整理術

弘兼憲史

Kenshi Hirokane

知識ゼロからの
ビジネス整理術
弘兼憲史

You can never succeed on the desk cluttered up.

幻冬舎

今なぜ、〝整理術〟なのか？

パソコンが普及し、業務の大幅なスピード化が図られた昨今、各個人が処理すべき「情報」は、以前にもまして膨大になっている。〝ペーパーレス〟が叫ばれ、机に山積みとなった「モノ（物品）」は減ったものの、また新たな問題が生じてしまったというわけだ。

とはいえ、情報に代わってモノがなくなることはあり得ない。多少は減るにせよ、今後も我々の机に残り続ける。あなたが「身のまわりがあまり快適じゃない」と感じているのなら、モノであれ情報であれ、それらをどうにか整理しなくてはならない。そうしていかないかぎり、今後もあふれるモノと情報の中で、何とも効率の悪い仕事をするハメになる。

仕事を効率的にこなすのは、ビジネスマンの大命題だ。もちろん僕自身も、常にそれを意識している。しかし仕事の効率化は、あくまでも前向きな気持ちで仕事を行った結果であり、その前向きさは、身のまわりをはじめ、頭の中まで整理されて得られるものなのだ。

だからこそ今、〝整理術〟が必要なのである。

本書では、「整理があまり得意ではない」という読者にも手軽に実践できるような、シンプルでわかりやすい方法論のみを展開している。まずは、すぐにできそうなものを選んではじめてみることだ。あとは自分なりにアレンジを加えながら取り入れていけばいい。

そうして実践した整理術を習慣化できたなら、あなたの身のまわりはもちろん、頭の中までスッキリとし、前向きな気持ちで、より効率的な仕事ができるようになるはずだ。

◆

なお、本書の巻末にはエピローグとして『整理術の「極意」』を設けている。そこでは、各章で解説した内容の〝根幹〟を成す考え方をまとめているので、各整理術に自分なりのアレンジを加える際にも、きっと役立つと思う。各章を読んだあと、または本書の読みはじめに目を通し、しっかりと押さえておいてほしい。

弘兼憲史

知識ゼロからのビジネス整理術　目次

第1章 「モノ」の整理術

第2章

「情報」の整理術

第3章 「頭」の整理術

第4章 「仕事」の整理術

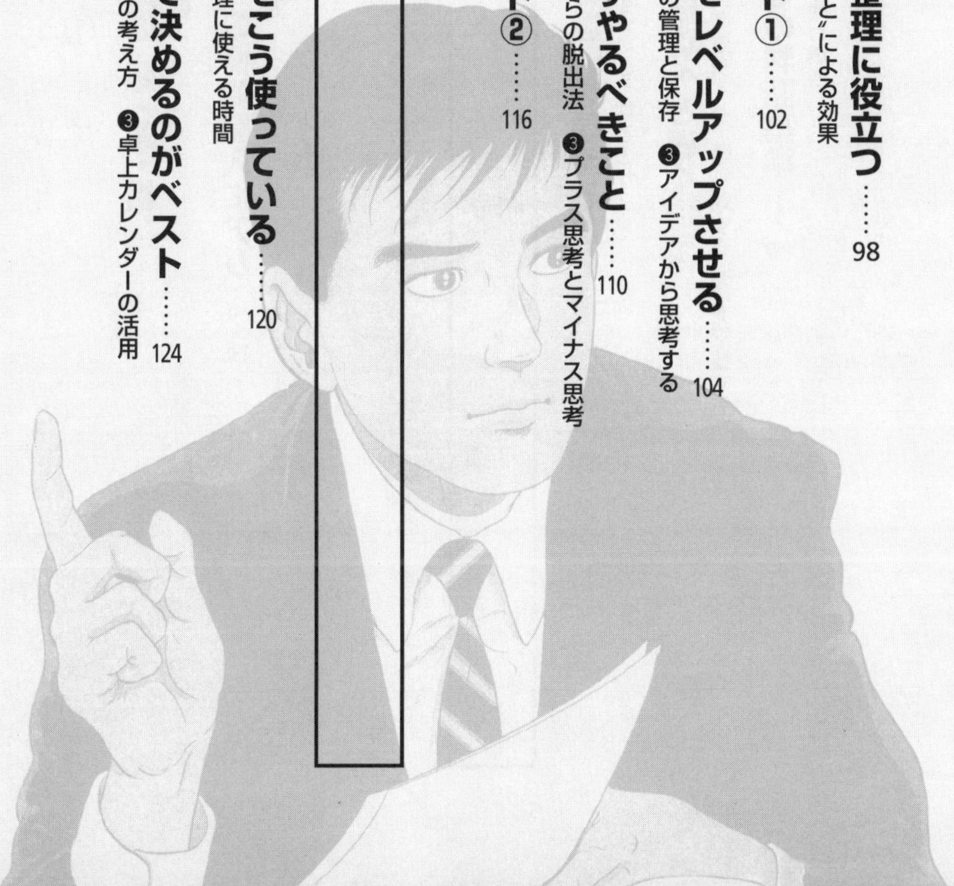

エピローグ

整理術の「極意」

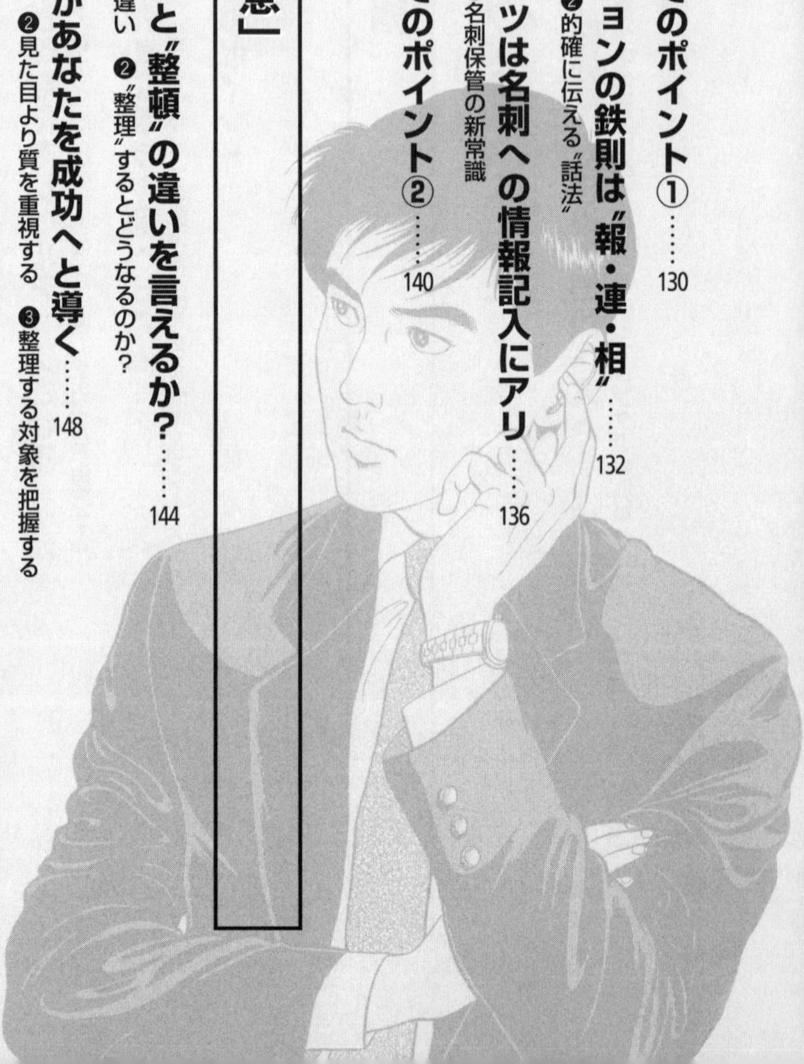

第1章

「モノ」の整理術

モノの整理に必要なテクニックは、意外にもシンプル。まずはやれることから実践していき、仕事ができる体勢をつくることが肝心だ。

MONO

「モノ」の整理術

この方法であなたのデスクまわりを整理する

1 デスクの上

極論すれば、デスクの上には何も置かないほうがよいわけだが、現実的にはそうもいかない。“効率よく仕事をするために必要なモノ”が使いやすく置いてある状態が、もっとも理想的なのだ

資料を拝見いたしました

デスクまわりは、仕事をするうえでの〝基地〟のようなもの。仕事の最中に必要なモノが見つからないようでは、もはや基地としての機能は果たしていない。

仕事で使うモノは、いつも手の届く場所にあるのが理想。それゆえ、「使ったらもとに戻す」ことは常に意識しておきたい。

デスクまわりが整理されていないと、本来なら数秒で済むような行動が、数十秒、数分とどんどん長引き、作業効率が悪化する。そして、これが1日の中で積み重なることで、自分の仕事に遅れが生じてしまうのだ。

なぜか毎日残業になってしまうという人は、じつはここに問題があるのかもしれないのである。

before

文房具が放置

“使用後の放置”状態。これでは、使うときに「探す」ことにもなりかねない

郵便物“見っ放し”の状態

届いた封筒やハガキを見たにもかかわらず、処理せずにそのまま放置している

書類が散乱

各種の書類が分別なく無造作に置かれている。「書類紛失」の原因になりやすい

FDやCD-Rが放置

入力済み電子媒体が裸で置かれている。これが、破損＝データ損失に直結する

整理

after

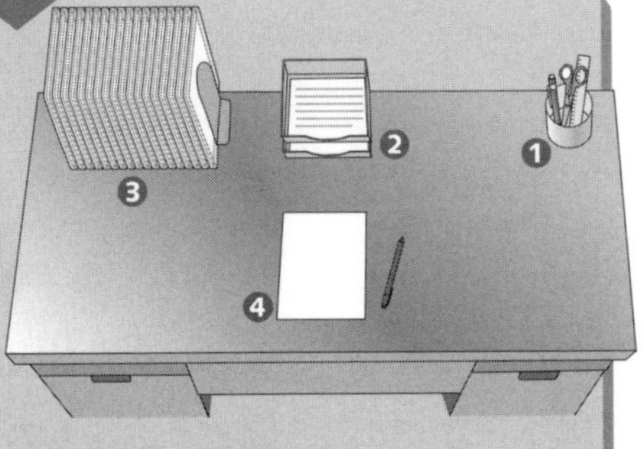

❶ペン立ての利用

文房具がスムーズに取れるよう、右利きならデスクの右前方にペン立てを置く

注：不要なものは捨てるか、引き出しに入れる

❷新着の書類

書類が来たらトレーなどに入れる ☞P24

❸処理済の書類

ファイリングし、立てて置く ☞P44

❹処理中の書類

デスク上のセンターには、現在処理している書類（材料）のみを置くのが理想

整理のポイント

- □ 書類は常にファイリングすることを意識する ☞P36
- □ 不要な郵便物は捨てる ☞P26
- □ 電子媒体（FD、CD-Rなど）もファイリングする ☞P43
- □ 別の場所から持ってきたモノは、必ずもとの場所に戻す
- □ 自分の私物のうち、使っていない（しばらく使わない）モノは持ち帰る
- □ 不要になったモノは思い切って捨てる ☞P152

2 引き出しの中

引き出しは、デスクまわりでもっとも収納スペースがある部分。ここを有効に使っていけば、モノの「整理」はうまくいく

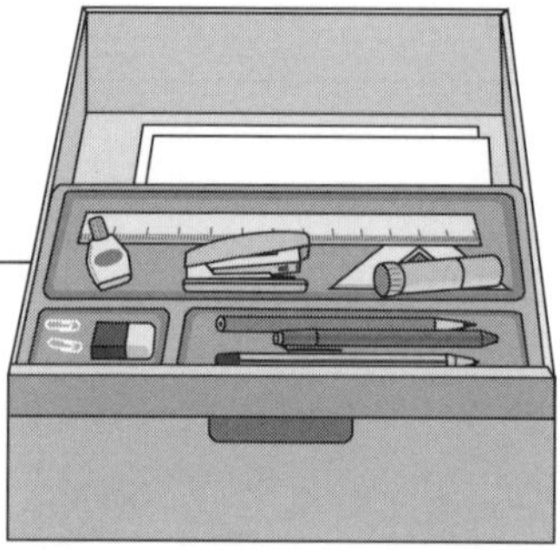

●上段の引き出し

文房具用トレーがセットされていることが多いが、ここには頻繁に使わない文房具やクリップ、ホッチキスなどを入れる。つまり、デスク上のペン立てには頻繁に使う“レギュラー組”の文房具を置くと考えればよい。また、ペン類の予備や替え芯、消しゴム、修正液などもここに入れる。トレーがなければ、100円ショップなどでプラスチック製収納グッズを購入し、引き出しの中を“仕切って”からモノを入れるとよい

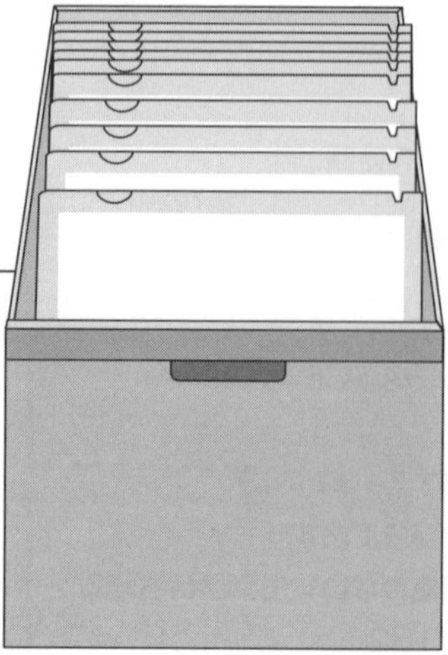

●下段の引き出し

A4サイズを横向きに立てて収納できる。ここでは、『スーパー書斎の仕事術』（アスペクトブックス）で山根一眞氏が紹介した「山根式袋ファイル法」と、『「超」整理法』（中央公論新社）で野口悠紀雄氏が提唱した「野口式押し出しファイリング」を応用した方法を使う（☞P44）

❶デスクの上から押し出されたファイル（次ページ参照）を、新しいものが手前になるようにして順に入れる

❷ファイルを取り出したときは、再び手前に入れる。つまり、使わないファイルは序々に奥へと移動していくことになる

❸引き出しの中が一杯になったら、まず、いちばん奥から捨てる。捨てるかどうか判断できなければ「保留箱」へ（☞P153）

デスク上のファイル

仕事で使う各種の書類や電子媒体などをファイリングし、ブックエンドで立てて置く

❶使ったファイルは左端に順に入れる。これにより、使わないファイルは右端に移動していく

❷右端から押し出されたファイルは中身を確認し、捨てるかどうかを決める。判断できなければ下段の引き出しへ（前ページ参照）

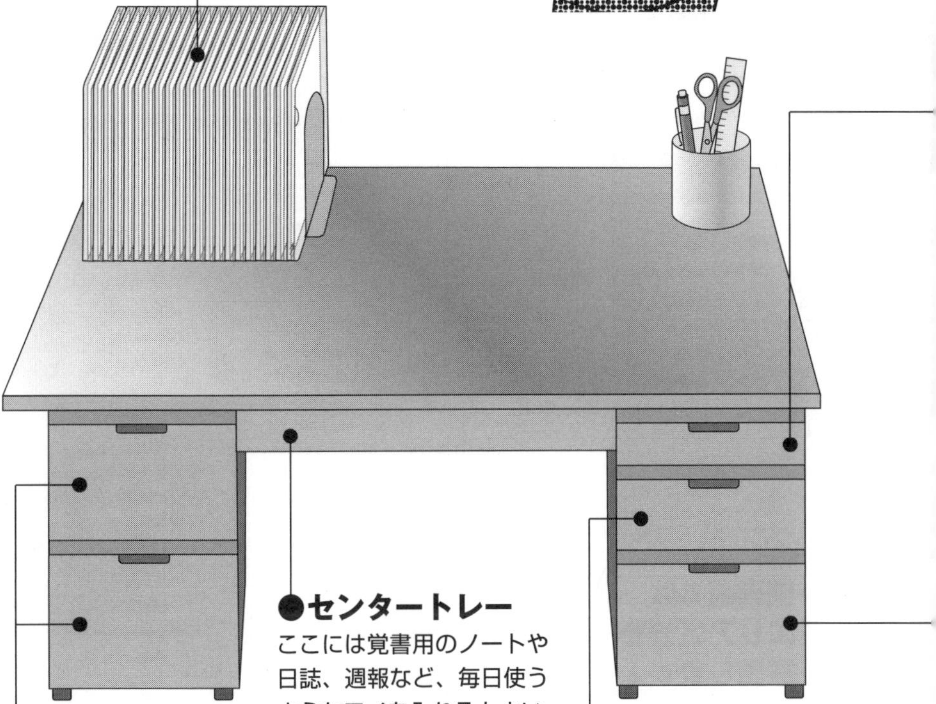

●センタートレー

ここには覚書用のノートや日誌、週報など、毎日使うようなモノを入れるとよい

●その他の引き出し

ここはある意味フリースペースだが、この引き出しを「保留箱」（☞P153）としてもよい

●中段の引き出し

ここは少々中途半端なサイズなので、頻繁に使うモノは入れないほうがよい。レポート用紙や便せん、封筒などを入れてもよい

③ エリア区分の徹底

「エリア区分」とは、モノの状態（鮮度）や内容などによって置き場所を分けることであり、例外をつくってはならない。モノをうまく整理するためには、これの徹底が必要不可欠となる

◆デスクまわりのエリア区分（例）

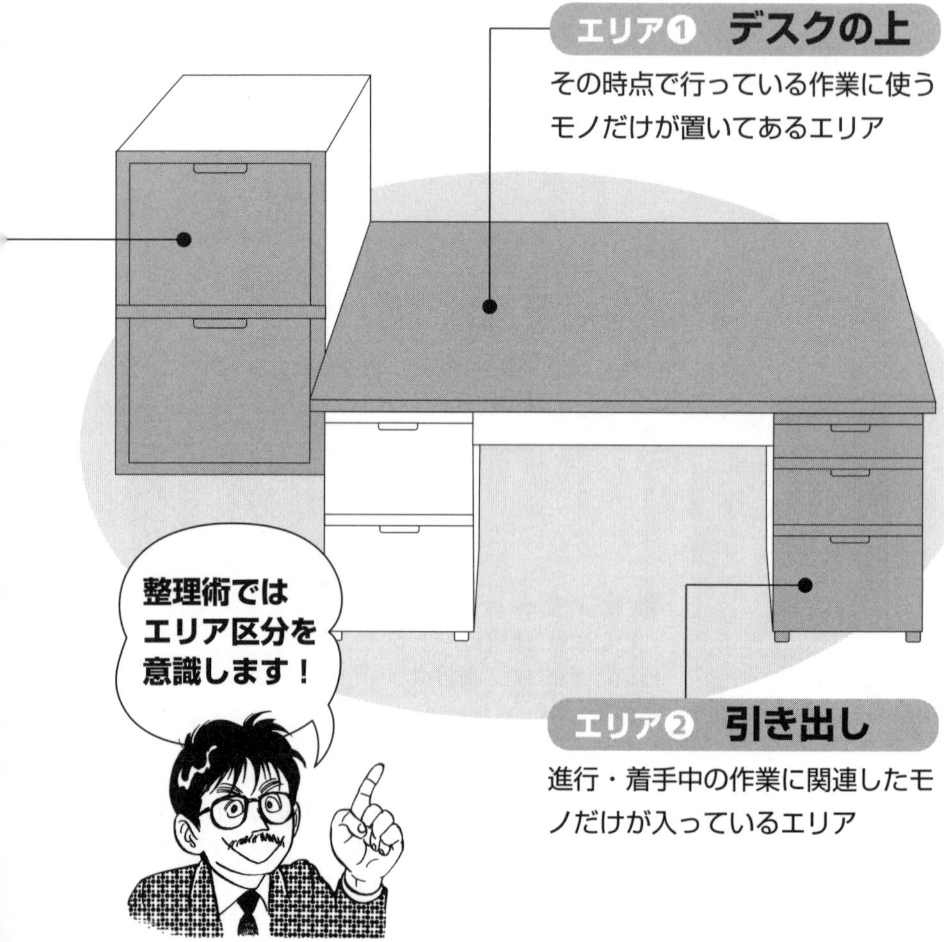

エリア① デスクの上
その時点で行っている作業に使うモノだけが置いてあるエリア
エリア② 引き出し
進行・着手中の作業に関連したモノだけが入っているエリア
整理術ではエリア区分を意識します！

エリア❸ キャビネット

すでに完了した仕事の書類や、一定期間の保管が必要なモノがあるエリア。キャビネットは比較的大型なので、同僚との共有エリアとして使われることも多い。ここに保管する期間は、仕事内容によっても異なるが、2年分程度が基本となる

●キャビネット内の区分例

例1

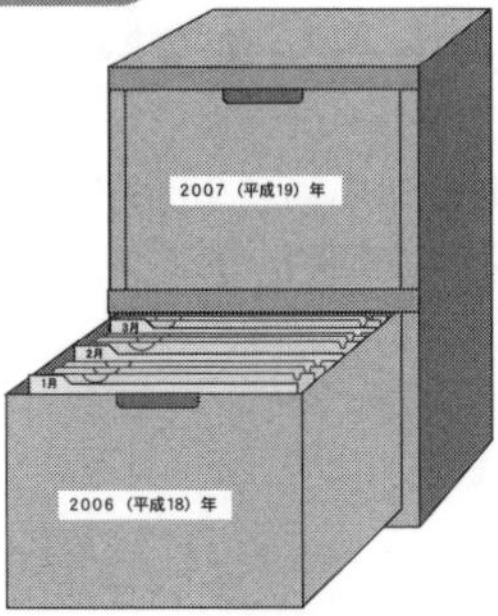

キャビネットの引き出しを「年別」に区分した例。この場合は、前年分の引き出しを下段にする。引き出しの中は「月別」に区分するとよい

例2

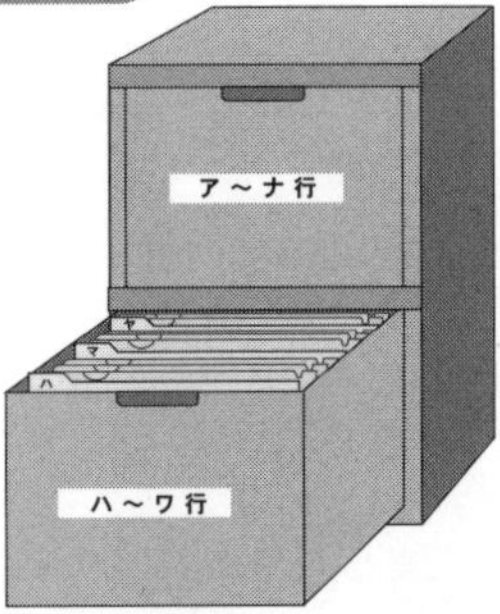

引き出しの中を「50音別」に区分した例。ア～ナ行を上段、ハ～ワ行を下段の引き出しに入れている。この区分法は、モノの検索がしやすい

4 “使える”整理グッズ

“整理”の際には、何かしらのグッズが必要不可欠となる。もちろん、ほかのモノを流用してもよいが、ここで紹介するような整理グッズがあれば、よりスムーズに整理を行うことができるだろう

協力：アスクル株式会社

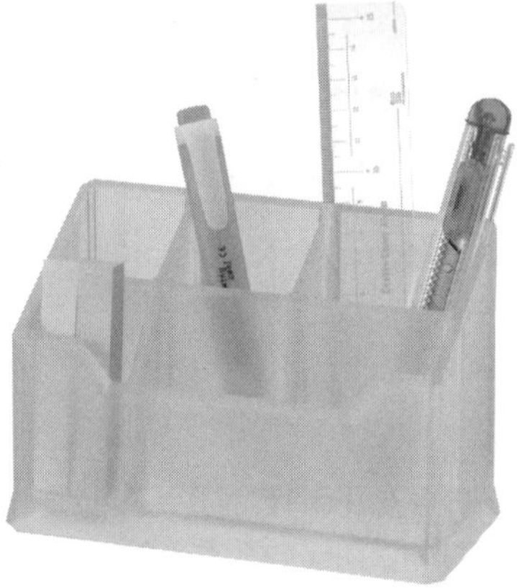

●フロストペンスタンド

このペンスタンドは収納量が多く、長さの違う文房具や小物類を仕分けて置くこともできるので便利。デスク上の整理・整頓には大いに役立つ。

メーカー：伊藤忠商事

470円（税込）

●デスクトレー

デスク上段の引き出しに仕切りがなく、小物類を入れるのに不自由な場合は、これがあると便利。引き出しをムダなく活用することができる。

メーカー：岩崎工業

198円（税込）

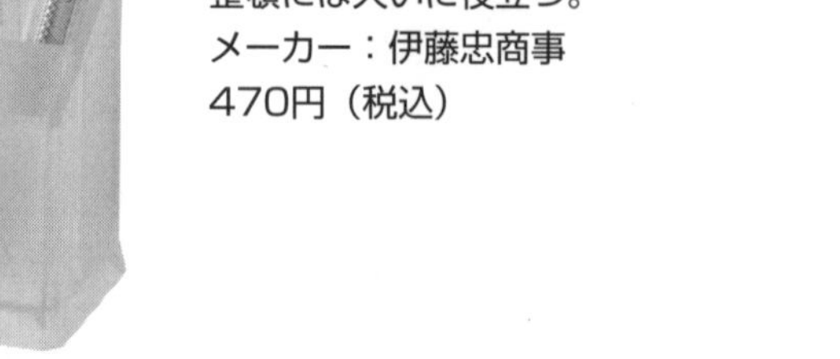

●クライマックスボックス（A4フリー）

デスクの上や棚など、置き場所を選ばずにファイルやバインダーをスッキリと収納しておくことができる。横にしても使える。
メーカー：セキセイ
1セット（3個入）・
1194円（税込）

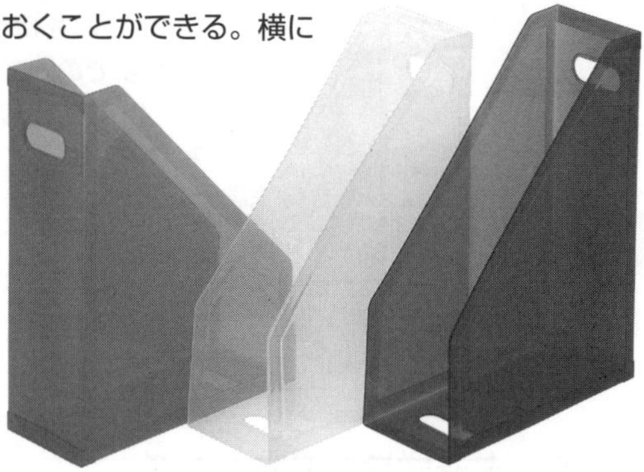

●ブックスタンド ハイタイプ

これを利用すれば、本はもちろん、ファイリングした書類もキレイに並べることができる。棚板の下にはノートPCなども収納可能。
メーカー：トヨタプロダクツ
幅450mmタイプ・5990円（税込）

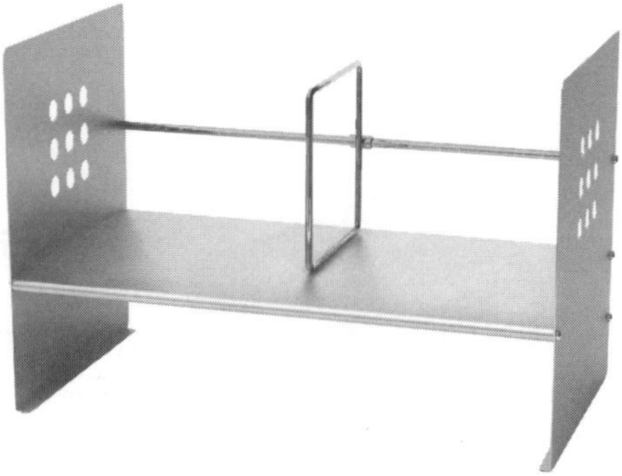

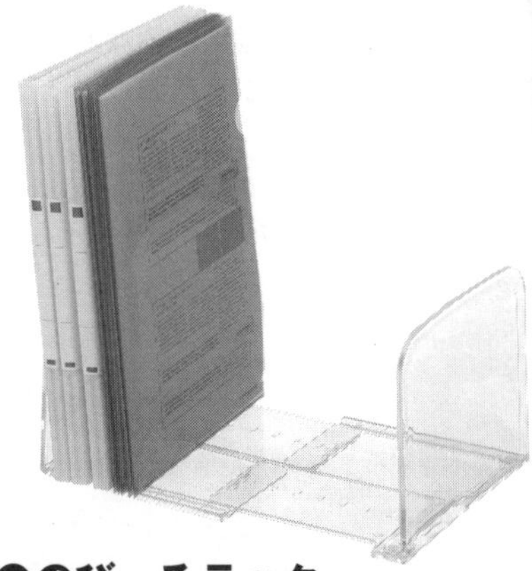

●のびーるラック

本体を横にスライドさせることによって、収納するファイルや本などの幅に合わせることができる。
メーカー：セキセイ
798円（税込）

●ペーパーパンチNo.420（2穴）
書類を一般的な2穴バインダーなどに綴じる際には、これを使って穴をあけるとよい。一度に34枚までの穴あけが可能。
メーカー：プラス
990円（税込）

●バインダー式手帳6穴パンチ
一般的な6穴式手帳用の穴あけパンチ。これがあると、自分用のオリジナル・リフィルなどを作ることも可能になる。
メーカー：プラス
1596円（税込）

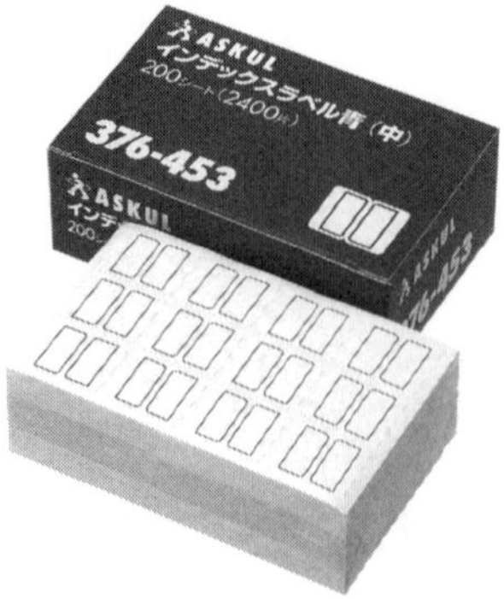

●インデックスラベル
バインダーに綴じた書類や手帳に貼るなど、幅広い用途で使える。インデックスを貼り付ける位置は自分なりに工夫したい。
メーカー：アスクル
１箱（2400片入／中サイズ）・976円（税込）

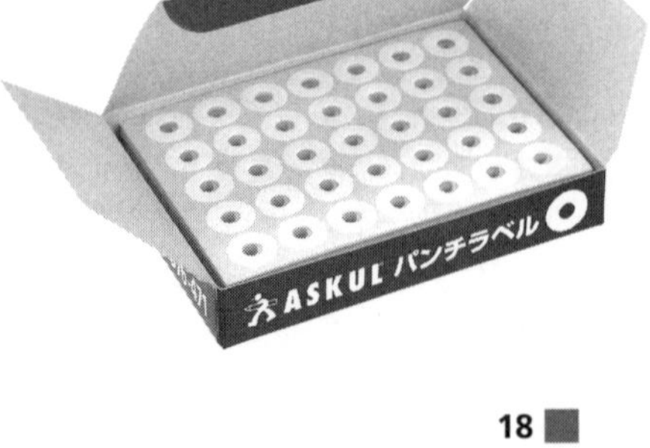

●パンチラベル
書類に穴をあけてバインダーなどに綴じる際には、どうしても穴の周囲が傷みやすくなる。これがあると穴補強は確実となる。
メーカー：アスクル
１箱（2800片入）・899円（税込）

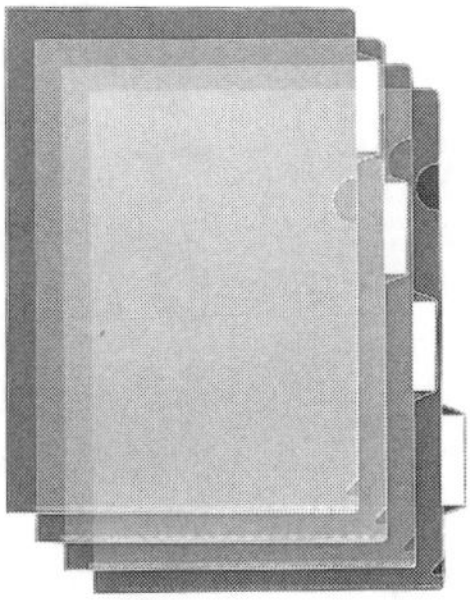

●インデックス付クリアーホルダー　山ずれインデックス付

基本的には少量の書類の保管などに使用する。写真のタイプは山ずれのインデックスが付いているので、分類や検索にも便利。
メーカー：アスクル
1パック（12枚入）・198円（税込）

●タイトルポケット付　クリアーホルダーA4

名刺サイズのタイトルポケットが付いていて、収納書類が何なのかを一目でわかるようにすることができる。
メーカー：アスクル
1パック（10枚入）・185円（税込）

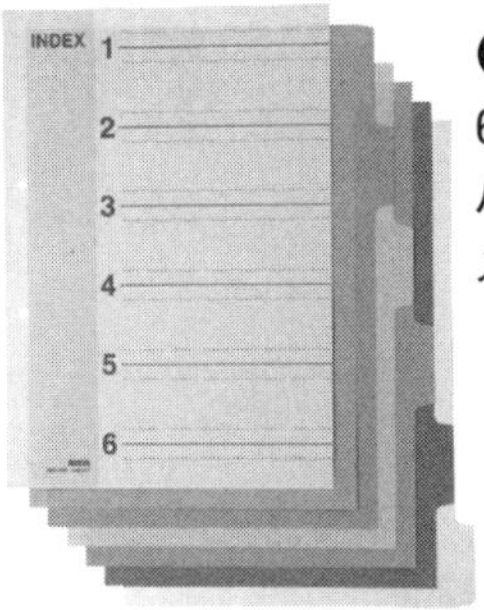

●カラーインデックス 2穴A4タテ6山

6山のインデックスが付いているので、2穴タイプのバインダーに綴じた書類の分類・区分などには必須。
メーカー：アスクル
1セット（10組入）・399円（税込）

●シンプルワーク　カラーインデックスシート

カラー別で、山ずれのインデックスが付いているシート。これがあると、収納したファイルの分類や区分などが便利になる。
メーカー：プラス
1パック（5枚入）・124円（税込）

捨てるべき書類は“その場で処理”が原則

① 書類を仕分ける

◆『アイゼンハワーの4分類』

アメリカ第34代大統領アイゼンハワーが考案した、『アイゼンハワー方式』とも呼ばれる整理法。デスクの上や床などを使い、左図のように、たまった書類を4つに仕分けていく。作業は深く考えず、手早く行う。

仕分けが終わったら

- **分類1** の書類 → 捨てる
- **分類2** の書類 → 渡すべき当人に渡す
- **分類3** の書類 → ファイリングするなどして、さらに整理する（☞P36～）
- **分類4** の書類 → すべてに目を通してから、捨てるかどうかを判断する

これで書類整理の“下地”ができあがる

分類4
特別な場所
要返答の書類、まだ読んでいない書類

デスクの上に書類がたまったら、まず「大まかに仕分ける」。ここでは、第34代アメリカ大統領アイゼンハワーが考案した整理法を参考にした仕分け方を紹介しているが、この「仕分け」を経ることによってはじめて、書類の整理が〝スタンバイ〟となる。

もっとも、目の前に書類が来た時点ですぐに処理しておけば、あとで大変な思いをせずに済むのは言うまでもない。

分類1
捨てるもの
捨てるべき書類は
ゴミ箱に入れる
分類2
人に任せるもの
職場内のほかの人
に渡すべき書類
分類3
重要・急ぎのもの
保管する書類やすぐ
に処理すべき書類

❷ “捨て”書類を選択する

前項では書類の仕分け方法を紹介したが、そこで積極的に書類を捨てていかなければ、うまく“整理”することはできない

◆“捨て”書類の代表例

●使用済みの書類

- 回覧、連絡などの報告的なもの
- コピーやインターネットからプリントアウトしたもの
- 下書きで書いたものやメモなど
- 保管すべき期限を過ぎているもの
- 各種チラシ類、ファックスなど

●古くなった書類

- すでに更新されて古くなったもの（記録、統計、記事など）
  ☞ただし、記事や記録などは、古いからといって捨てるものばかりとはかぎらない。捨てるかどうか判断できないものについては、保留扱いにする

●重複している書類

- 手持ちが2部以上あるもの
- 原本が別にあり、常備が不要なもの
- パソコンにデータがあるもの

この書類は捨てよう！

“捨て”書類の特徴は
しっかりと
おさえておきましょう！

❸ “その場で処理”の徹底

書類の処理を難しく考えてはならない。口頭で要件事項を処理するのと同じように、まずはその場で判断してしまいたい

この書類はファイリングしておこう

新着書類が手元に来たら、まずは“その場で処理”を実践したい。これを日ごろから意識・習慣化することで、そのあとの“整理”が断然やりやすくなっていくのだ

“その場で”チェックする5つのポイント

❶ファイリングして整理すべき書類か？

❷あきらかに捨ててもよい書類か？

❸内容を確認すれば捨ててもよい書類か？

❹要点をメモすれば捨ててもよい書類か？

❺他の人に回したほうがよい書類か？

あなたはなぜ書類をため込んでしまうのか？

机の上がいつも書類でいっぱいだという人は、複数の案件の書類が入り乱れていないだろうか？

もちろん、いくつもの案件をかかえること自体はビジネスマンにとって珍しいことではない。だがここで覚えておきたいのは、「今作業している仕事以外の書類は片づけてしまう」こと。そうすれば、スペースは確保できるのだ。

では、どこに片づけるかというと、デスク上を立体的に使い、書類用トレーなどを利用して「新着書類」「保留書類」に分ければよい。

また、郵便物などは必要・不要を見極め、不要なら即、処分する。

さらに書類に関しては、スキャニングしてデータをパソコンに保存するという〝奥の手〟もある。

1 トレーを利用する

新着の書類を“その場で処理”する際には、左図のような書類用のトレーなどがあると、よりスムーズで効率的な書類整理を行うことができる

書類が手元に届く

各種書類、郵便物、ファックス、メモ、伝票など

↓

- すぐにその場で処理する
- 着手中の作業が一段落したら処理する

↓

「書類用トレー」を利用すると便利

角2封筒が入るサイズが最適。プラスチック製で、3段、4段……と積み重ねが可能なタイプが多い

3段トレーを使ってもいいですよ

上段　新着書類

新たに手元に届いた書類は、ここに入れる。ここに書類があれば、“処理すべきモノ”があることが一目でわかる。ただし、一度取り出したら、決してまたここに戻してはならない

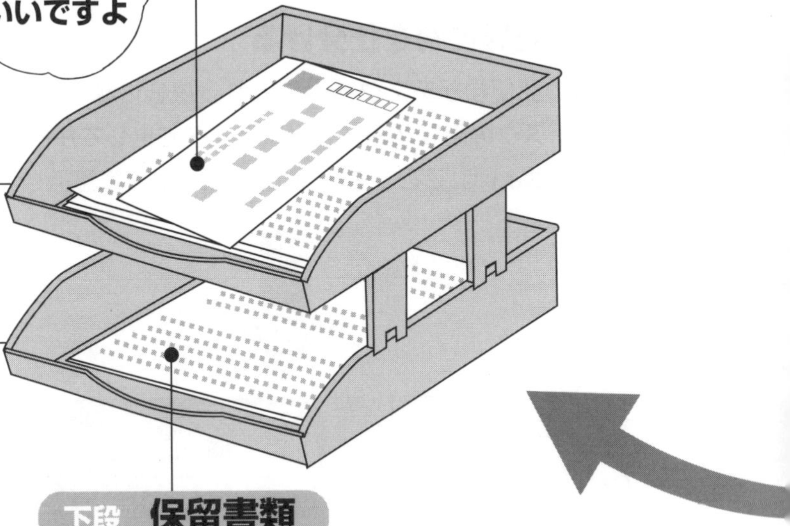

下段　保留書類

一度目を通した書類や、一時的に保留する書類はここに入れる。ただし、“後回し”の意識で入れるとすぐ満杯になるので注意！

上下段とも、処理が済んだらファイリングし、デスク上に立てるか、または捨てる（☞P44）

2 各種郵便物の整理

仕事上の取引先などからは、事あるごとに各種の郵便物が届く。それゆえ、普通の書類よりも早くたまってしまうことが多い

◆たまった郵便物を仕分ける

何年分もの郵便物がデスクの中に入れっ放しになっている場合には、ひとまずデスクの上などのスペースにすべて出してから、1通ずつ仕分けていけばよい。ここでも、"捨てる"ことは常に意識しておきたい。

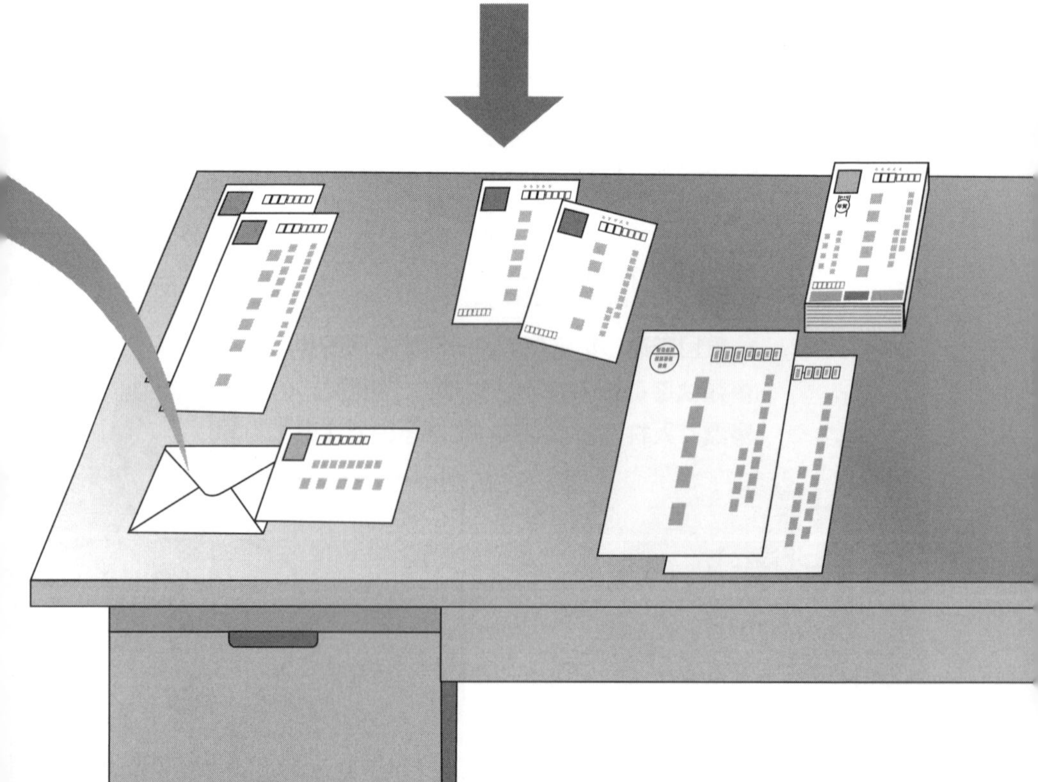

今年も届きました
はい　年賀状です

年賀状、暑中見舞	輪ゴムなどで留め、「1年間限定」で保管しておく
各種案内状	必要であればファイリングし、不要であれば捨ててしまう
移転・異動通知	新住所・部署等の記載部分を切り取り、名刺に貼り付けておく
各種挨拶状	目を通したら捨ててしまう

ファイリングの際、折りたたまれた手紙は広げて入れます！
……結構な量だな

③ 書類をデータ化する

たまってしまった紙書類を整理する場合には、それをデジタルデータに変換して、パソコンに取り込むという手段も使える

このファイルをスキャニングしておこう！

データ化は厳選した書類のみ！

◆データ化で“ペーパーレス”に

パソコンは、今や仕事をするうえでの必需品となっているが、これを使って書類そのものをなくし、記載内容をデータ化することも可能だ。ただし、その際のスキャニングには多少の時間がかかり、へたをするとかえって仕事の効率を悪化させる。データ化するときには、保管に値する、必要な書類のみを取り込むようにすればよい。

紙書類をデータ化するときの流れ

●各種書類
データ化するのは必要な書類のみ。写真やイラスト、図版などが掲載されたものでもよい

スキャニングする

スキャン機能が付いた複合機（コピー、FAX等）やドキュメントスキャナー（☞P139）などを利用し、紙の書類をデータ（PDFファイル等）に変換する

次ページで複合機を使ったデータ化を紹介！

●パソコン
紙の書類をスキャニングして作ったデータファイルを、デスクトップやフォルダ内に保存する

- FDやCD-Rなどでも保管ができ、デスクまわりがスッキリする
- 職場内のネットワークを通じたデータのやり取りなどが可能になる
- 書類の検索や分類が、驚くほどスムーズに行えるようになる

複合機を使ったデータ化の一例

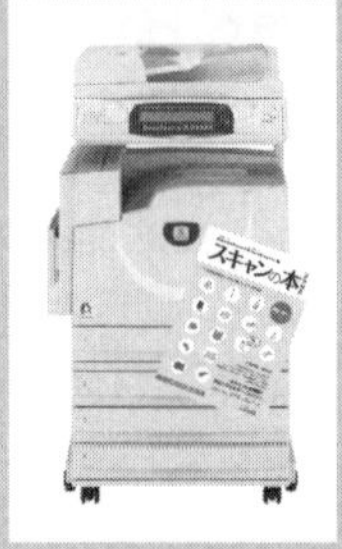

最近は単なるコピー機ではない、スキャナーやプリンター、FAXなどの各種機能が付いた「複合機」を置いているオフィスが増えている。ここでは富士ゼロックス株式会社の協力を得ながら、複合機を使った“書類のデータ化”の一例を簡単に紹介しよう

参考：『スキャンの本』（富士ゼロックス株式会社）

↑モデルの複合機DocuCentre-Ⅱ C4300、『スキャンの本』

❶保存先の指定

操作パネルの「スキャナー（PC保存）」を選択し、「宛先表」を押す

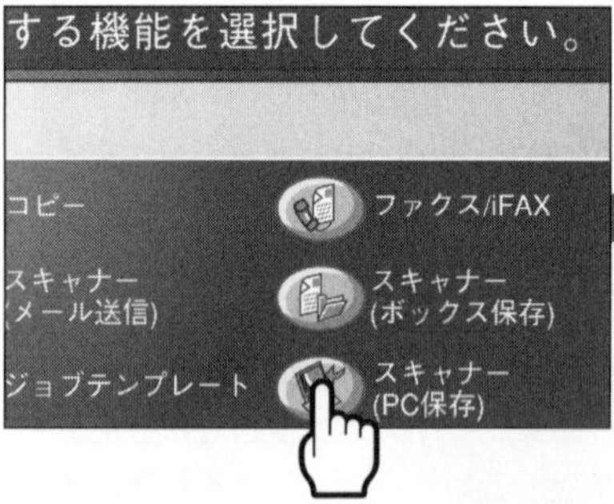

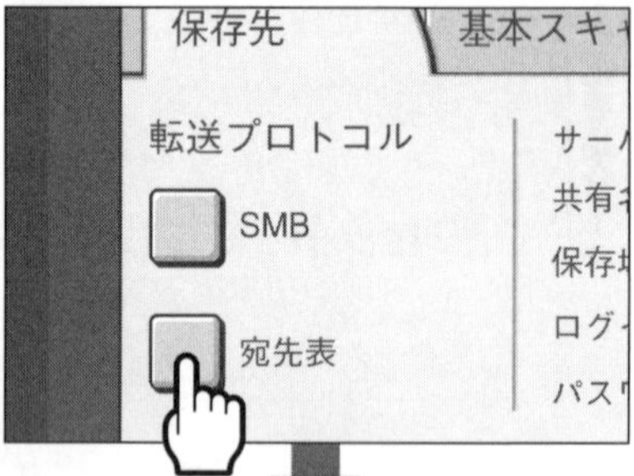

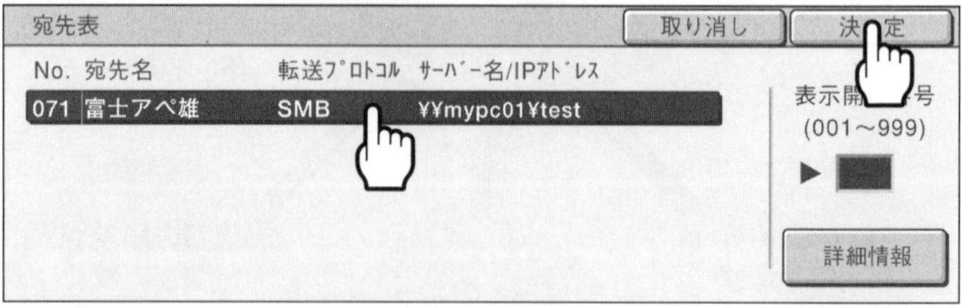

複合機に登録しておいた宛先を選択し、「決定」を押す

❷ファイル形式の指定

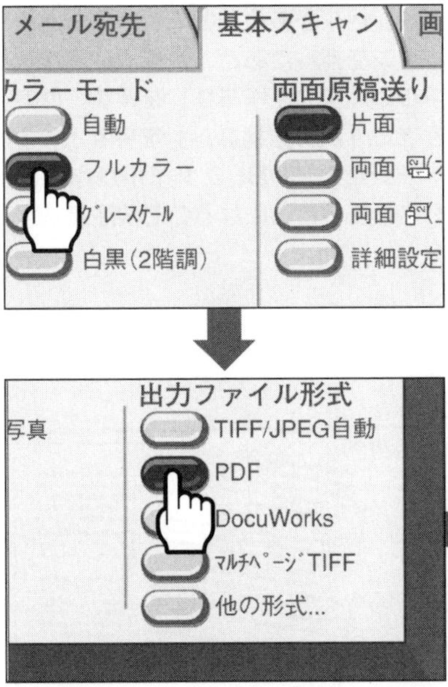

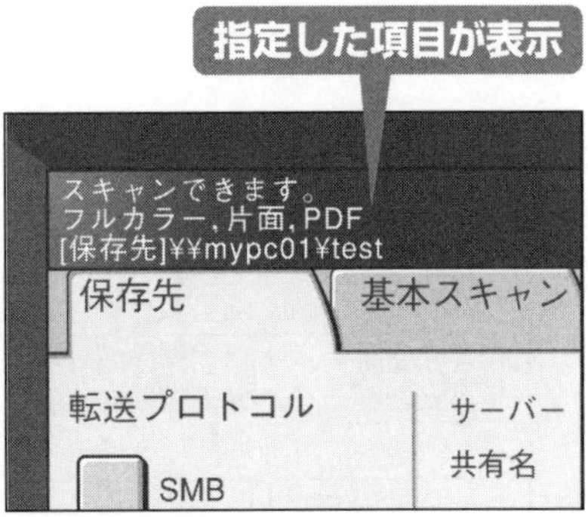

ここではカラーモードを「フルカラー」に、出力ファイル形式を「PDF」に指定した

❸書類のセット（※原稿送り装置を使用しない場合）

パソコンでファイルを開いたときに正しい向きになるよう、書類は裏面の上辺が左側になるようにセットする

❹読み取り（書類のデータ化）の実行

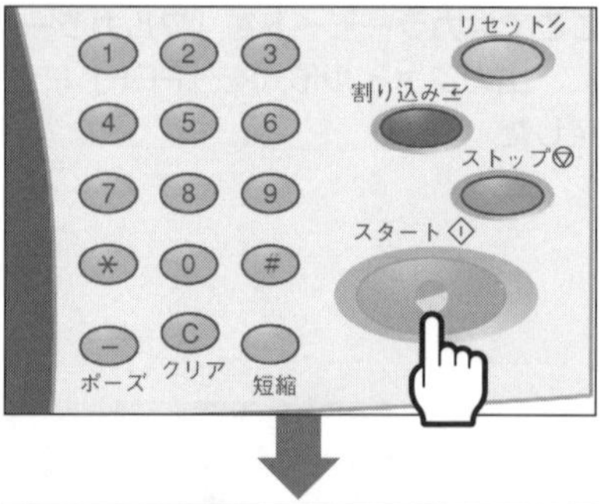

書類が何枚かある場合には、スタートボタンを押したあと、すばやく操作パネルの「次の原稿あり」を押す。このときに「次の原稿なし」を押すと、1ページごとにPDFファイルが作成されてしまうことになるので要注意

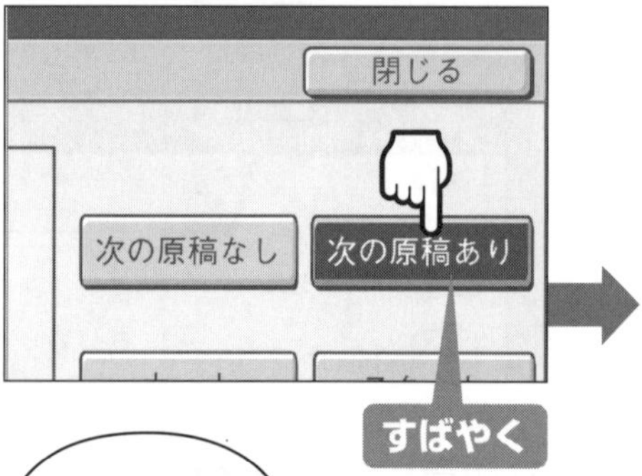

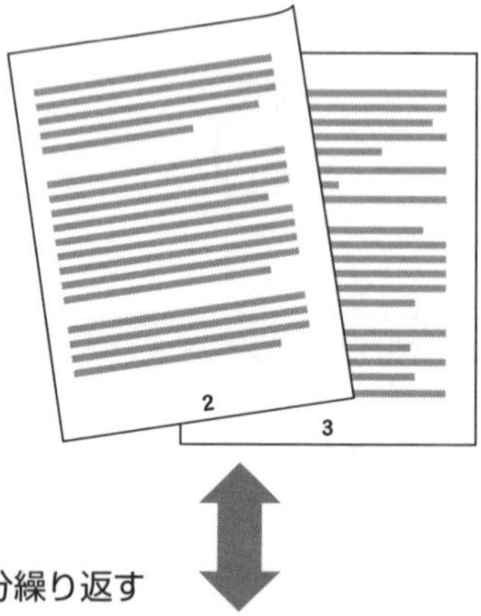

枚数分繰り返す

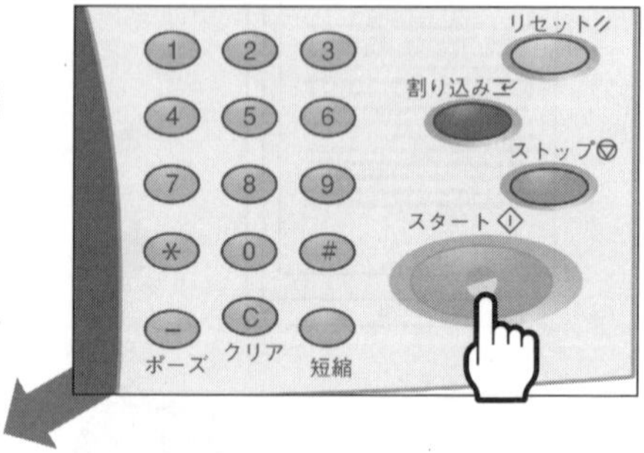

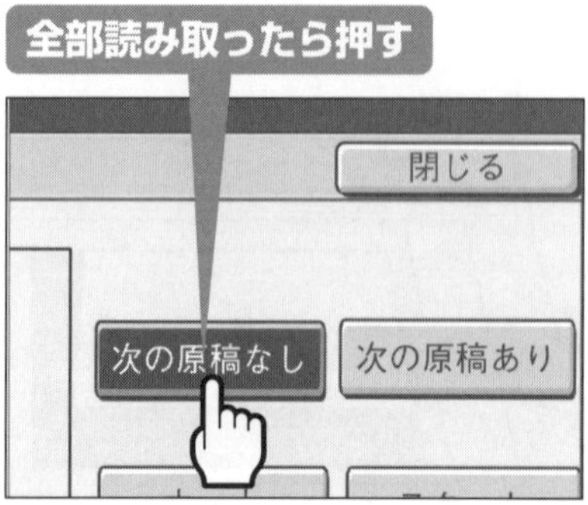

書類の読み取りが終わったあとは、「次の原稿なし」を押す

❺パソコンに転送できたかどうかの確認

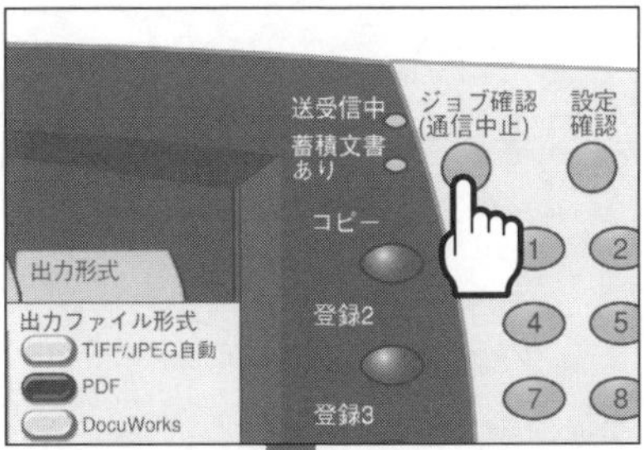

読み取りが終わったら「ジョブ確認（通信中止）」ボタンを押す。そして、操作パネルの「実行完了」のところが「正常終了」の状態になっていれば、複合機側の操作はすべて終了となる

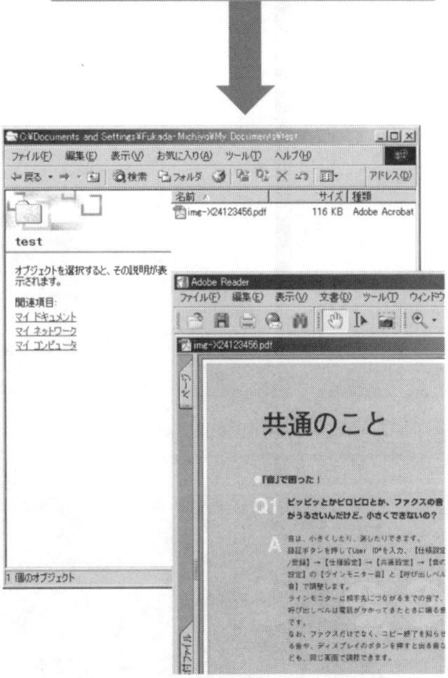

データ化された書類を確認すれば、終了

第 1 章

ここまでのポイント❶

ポイント **1**
デスクまわりは、モノの整理における“最重要課題”。仕事をするうえでの“基地”と心得る ……………☞P10

ポイント **2**
デスクの上には、その時点での作業で使うモノ（書類など）のみを置くようにする ……………☞P11

ポイント **3**
下段の引き出しには、デスクの上で処理されたモノ（ファイリング済み）を収納する ……………☞P12

ポイント **4**
書類の仕分けは『アイゼンハワー方式』を参考にし、“大まかに”分類する ……………☞P20

ポイント **5**
代表的な“捨て”書類には、「使用済み書類」「重複書類」「古い書類」 などがある ……………☞P22

ポイント **6**
書類が自分の手元に来たら、できるかぎり“その場で処理”を実践するのが理想 ……………☞P23

ポイント **7**
郵便物のうちの「移転・異動通知」は、新住所・部署等の記載部分を切り取り、名刺に貼る ……………☞P27

ポイント **8**
紙書類をスキャニングしてデータ化し、パソコンに取り込んでしまうという方法もある ……………☞P28

「モノ」の整理術

デスクを中心とした〝ファイルの流れ〟をつくる

1 “メリット”の認識

書類をファイリングすることによって、何が改善されるのかという“メリット”を認識しておけば、おのずとファイリングへの意識も高まっていく

ファイリングによるメリットをもう一度確認しなければ！

効率よく業務を進められる、職場をキレイに使える、紙の消費量を減らせる、合理的にスペースを使える……となれば、当然、オフィス環境は格段にアップする。それを実現させるのが、「ファイリング」による整理システムである。

ポイントは、ファイリングの際には書類のサイズを統一すること、ラベルを貼るときにはわかりやすいタイトルを付けること、そしてファイルを収納するときには立てて整理すること。また、ファイルを案件別や取引先別に分類することも大切だ。

なお、データを入力したFDやCD－Rなども、紙書類と同様にファイリングできるということも覚えておきたい。

業務の効率化

業務中におけるムダな行動や動作が省かれることによって、作業の効率とスピードがアップする。また、仕事上のミスも減っていく

スペースの有効活用

ファイリングをすることによってムダな書類が少なくなり、デスクまわりなどのスペースを、これまで以上に広く使うことができるようになる

ファイリングによる4大メリット
ファイリングは仕事をスムーズにこなすための必須条件です！
全社会議資
外堀開発事業
2007.4

コストの削減

消費される紙の量が減り、紙にかける費用はもちろん、紙に使うクリップやホッチキス針などの備品にかかるコストも減っていく

職場の快適化

ファイリングの実践によって職場の環境面が整えられ、それにともなって、個々人の仕事に対する意欲も、より一層高められていく

② おもなファイリング用グッズ

すでに「"使える"整理グッズ」（☞P16〜）でもいくつか紹介したが、おもなファイリング用グッズは一通り把握しておきたい

クリアーファイル

透明または半透明(ポリプロピレン製など)で軽く、とても扱いやすい。また、バッグに入れて持ち運ぶのにも便利だ。カラーのタイプやインデックスが付いたものなど、さまざまなバリエーションがある

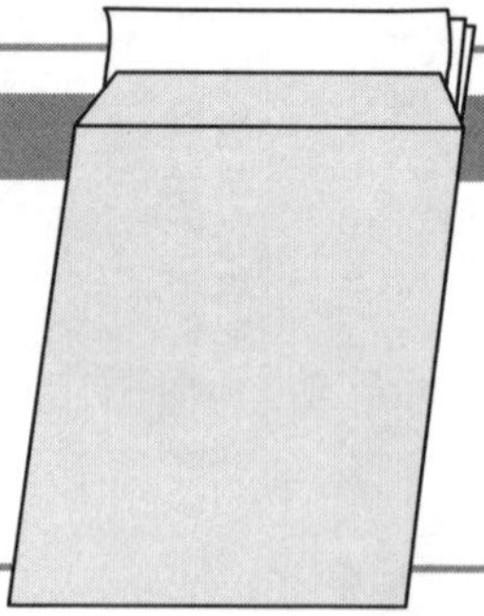

封筒（角型2号）

A4サイズの書類にも対応できる角型2号の封筒も、ファイリング用として使用できる。ただし、基本的に紙製の封筒は中身が見えないので、わかりやすいラベルの貼り付けが必要不可欠となる

バインダー

バインダーは書類を綴じて使用するものだが、綴じ方には「パイプ式」「フラット式」「Z式」などのタイプがある。また、背幅のサイズもさまざま。書類が多い場合は、インデックスなどで分類するとよい

フォルダー

書類を挟むようにして使用する「書類挟み」。基本的には、2つ折りにした厚紙に、見出し用の山が付いた形をしている。収納できる書類の量は少ないものの、書類の区分けなどにはとても便利

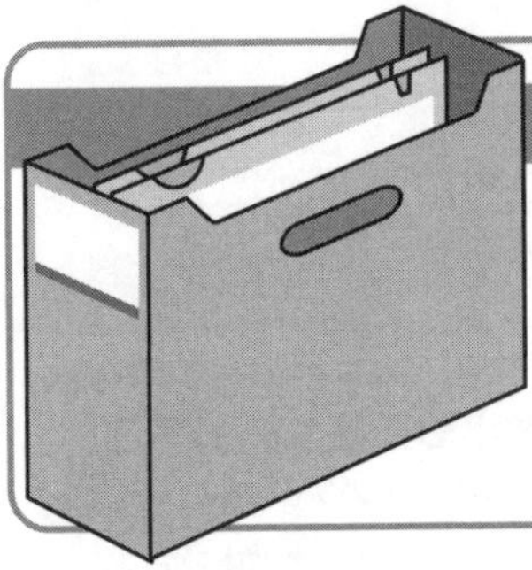

ボックスファイル

書類を入れたクリアーファイルやフォルダーなどを立てて収納することができ、そのまま引き出しやキャビネットの中などにもスッキリと入れられる。横型のほかに、縦型のタイプもある

ファイルはすべてA4サイズに統一したほうがよいでしょう！

❸ ラベルを付ける方法

ファイルにラベルを付けるときには、いかにして文字を目立たせるかということと、それを貼り付ける位置に工夫が必要となる

◆ラベルの記入例

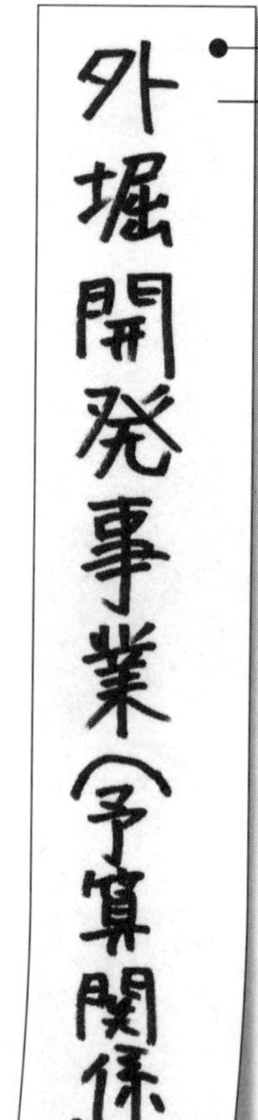
外堀開発事業(予算関係)
2007・4

大きな文字が書けるよう、ある程度大きめのものを用意。ラベルは紙に書いてテープで貼り付けてもよいし、シールタイプのものを使ってもよい

文字は太字で大きめに書く（文字が目立つとファイルを探しやすい）。また、タイトルはできるだけ具体的に記入すること（この例は「外堀開発事業」のうちの“予算関係”という意味）

日付（年・月）を書いておくと、ファイルを検索するときに、さらに探しやすくなる

“わかりやすい”タイトルを付けるというわけか……

◆ラベルを付ける位置

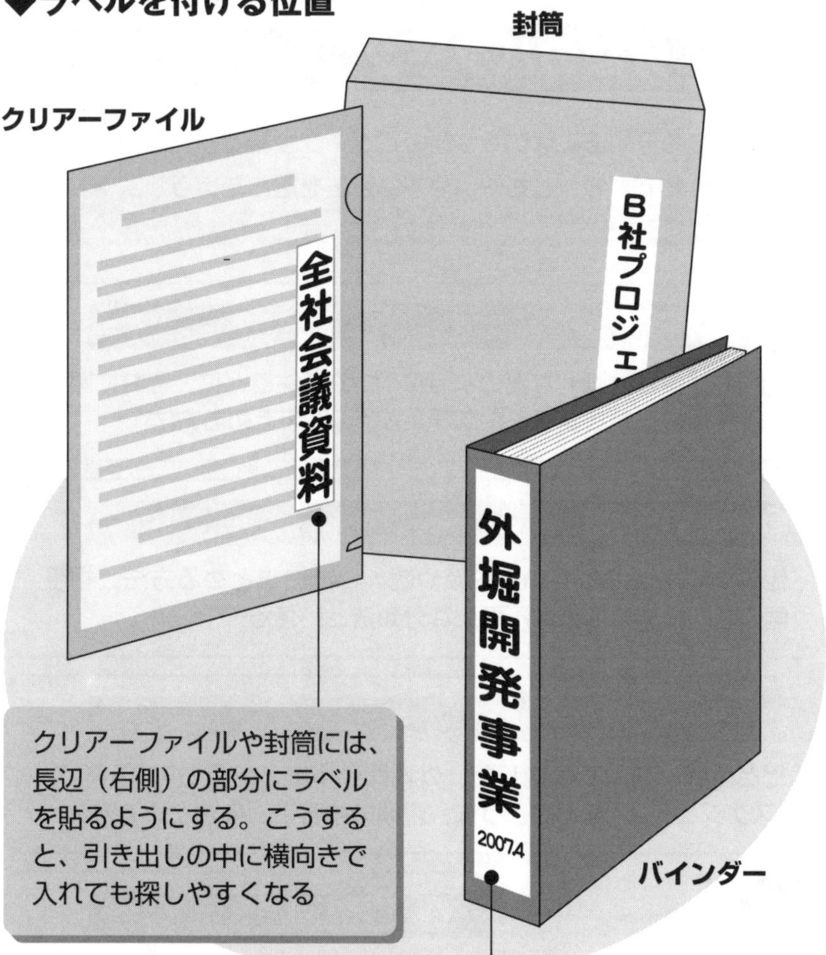

クリアーファイルや封筒には、長辺（右側）の部分にラベルを貼るようにする。こうすると、引き出しの中に横向きで入れても探しやすくなる

バインダーなどは、背の部分にタイトルが直接記入できるようになっているものも多いが、そこにも同様に、太字でハッキリとした文字を書くようにする

4 分類のパターン

ファイルの分類法にはいくつかのパターンがあるが、自分が仕事をするうえで、もっとも使いやすい方法を選んだほうがよい

❶ 案件別

「企画」「事業計画」などのような1つの案件ごとに、それに関係する各種の書類をすべて1つのファイルにまとめる方法

❷ 取引先別

仕事上で相手にしている企業や個人ごとにまとめる方法。相手側の動向把握には必要不可欠な分類法といえる

❸ テーマ別

たとえば、前項で解説した「外堀開発事業」のうちの“予算”や“スケジュール”などのように、書類の内容ごとにまとめる方法

ファイルの分類法は
検索のスピードにも
大きく影響します！

❹ 日付別

書類が発生した日や処理した日ごとにまとめる方法。一般的には、“年”と“月”を基準にする

❺ 形式別

たとえば、見積書や決算書、議事録などのような、書類の形式ごとにまとめる方法

5 電子媒体のファイリング

パソコンの普及により、オフィスは今や“ペーパーレス”志向となっている。紙書類と同様、電子媒体のファイリングも必要だ

●電子媒体の発生

入力済みの電子媒体（FD、CD-R、MOなど）は、プラスチックケースなどに入れると、それだけ置き場所が必要となってしまう

整理のポイント

目次を作っておくと、各電子媒体の中身が一目でわかるので便利だ

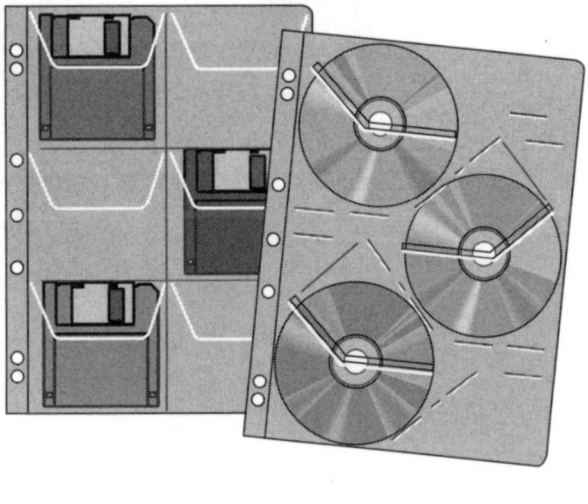

●フォルダーへ収納

市販のポケット式専用フォルダーに収納すれば、紙書類と同じく、バインダーなどにファイリングできる

6 ファイリングの“システム”

◆ファイルの流れ

❶新着書類はここ（書類用トレーなど）に入れる（☞P24）。

❷❶で“必要”と判断した書類はファイリングし、デスクの上に立てて置く。新しく作ったものは左端に入れ、使ったら左端に戻す。これにより、使わないファイルは右端に移動していくことになる。

❸右端に移動し、置き場所から押し出されたファイルは中身を確認して、捨てるかどうかを決める。判断できないものは❹に移す。

❹ファイルは横向きに立てて入れる。新しいものが手前になるよう順に入れ、使ったら再び手前に入れていく（使わないものは奥へ移動）。満杯になったら、いちばん奥から捨てる。基本的には、ここで捨てるかどうか判断できなければ、保留箱へ入れることになる。

❺キャビネットなどの保管用スペースがあれば、ここも使う。引き出し内は、ファイルの分類をもとに区分する（☞P15）。

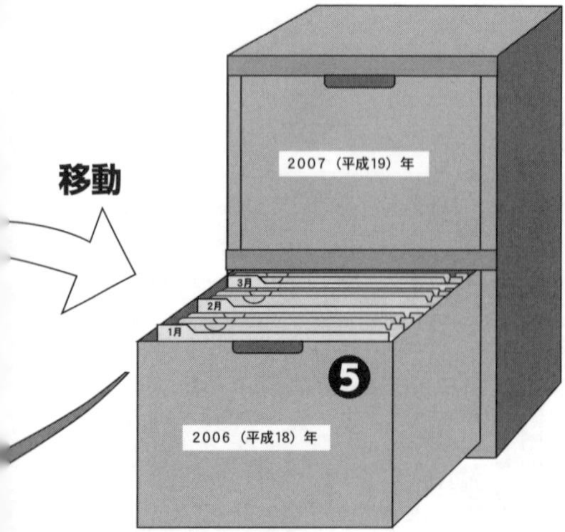

あ！　例のファイリングシステムですね？

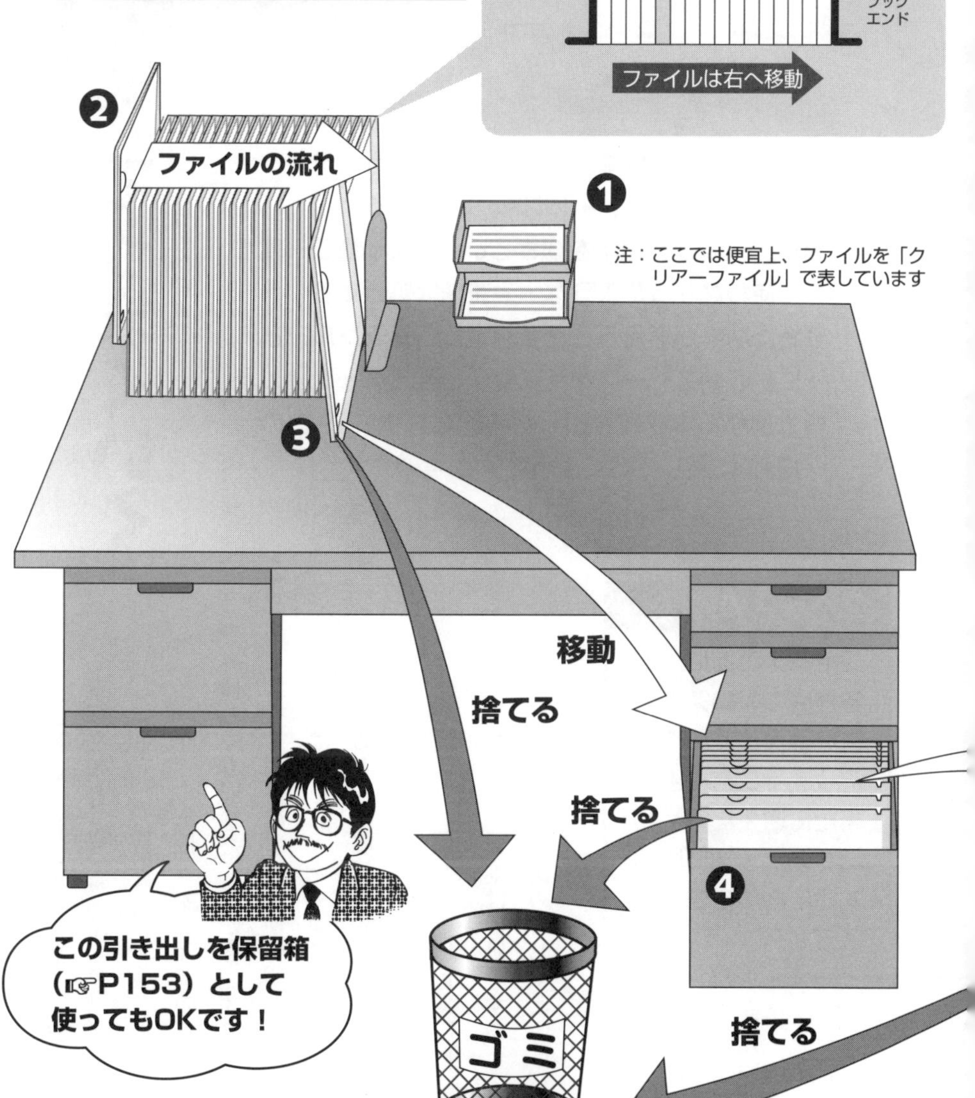
使ったら左端へ
新ファイル
古ファイル
ブックエンド
ファイルは右へ移動
❷
ファイルの流れ
❶
注：ここでは便宜上、ファイルを「クリアーファイル」で表しています
❸
移動
捨てる
捨てる
❹
捨てる
ゴミ
この引き出しを保留箱（☞P153）として使ってもOKです！

「モノ」の整理術

本棚の整理は"図書館方式"でうまくいく

図書館司書の方に話を伺うと、本棚をきちんと整理するコツは「本をもとの場所に戻すこと」だという。これは、オフィスの本棚にしても同様だ。しかも、オフィスでも図書館方式を使い、サイズ別ではなくジャンル別に分類すると目的の本を探しやすくなる。

また、新しい本を収納するスペースを確保するには、1年以上誰も使わなかった本は、処分するといったルールを決めておくとよい。

ジャンル別の分類

私物の本や雑誌は手元に置いてもよいが、職場に社員共有の本棚があればそこに置く。ただしその場合には、いくつかの"整理の鉄則"がある

本棚の整理の鉄則

❶サイズや形ではなく、仕事でよく使う「ジャンル別」で整理し、棚にはラベルを貼る
❷年に一度は在庫本を総ざらいし、1年間で一度も使わなかったような本や雑誌は処分する
❸新たな本が増えることを想定し、ジャンルごとに、収納スペースを常に確保しておく
❹本棚から本を取り出したら、忘れずに"もとの場所"に戻しておくようにする

スペースの確保

ジャンルごとに、ある程度の収納スペースを確保しておく。そうすることにより、新たに増えた本や雑誌をスムーズに収納することができる

同一ジャンルごとにまとめる

ビジネス書、法律書、辞書など、仕事上よく使うジャンルの本を並べたコーナーを設け、その棚にはジャンルがわかるようにラベルを貼っておく

本のサイズや形は無視！あくまでも「内容」で分類しておくことがポイントです
コンピュータ
1234
法律
ビジネス
辞書
1
2

「モノ」の整理術

ビジネスに役立つ バッグの中身の新常識

バッグの中身を見直す

バッグ（カバン）の中に常備するグッズは、年々多様化の傾向を見せているが、それらをいかに使い勝手よく収納するかが重要なポイントとなる

◆バッグの中身の“必携”グッズ

●筆記用具　●財布、定期入れ
●携帯電話　●手帳、メモ帳
●ハンカチ、ティッシュペーパー
●名刺入れ　●各種書類
●印鑑　●鍵　など

その他

・本
・携帯音楽プレーヤー
・化粧品
・手鏡
・くし、ブラシ
・常備薬
・折りたたみ傘
・地図（路線図）
・ビニール袋
・ストッキング
・お守り　など

ビジネスマンの必需品であるバッグにも、「整理」は必要。もちろん、これは中身の話である。

まず、「名刺」「筆記用具」などのいわゆる〝七つ道具〟と、現在、書類の主流になっている、A４サイズが収まることが必須条件。

商談時に資料をガサゴソ探すような失態を演じないよう、中仕切りなどの便利グッズを活用するなどして、〝バッグの中にバッグを入れる〟感覚で整理しておきたい。

●中仕切り

これを使うと、右ページのようなグッズがスッキリと収納できる。また、デザイン重視のバッグには比較的、内側のポケットが少ないものも多いが、これがあれば使い勝手が劇的に良くなる

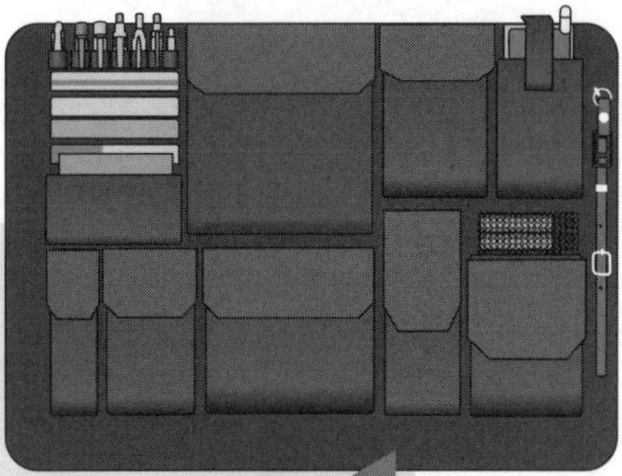

コレがあると便利！

●クリアーファイル

書類をサッと出し入れすることができ、各種伝票類も、折ったりすることなく入れられる。また、色違いが2、3枚あれば、一つは仕事関係、もう一つはプライベート関係……という使い分けもできる

とにかく、便利なことは実践あるのみ！

全社会議資料
外堀開発事業

第 1 章

ここまでのポイント❷

ポイント 9
効率的な仕事をするためには、書類の「ファイリング」は必要不可欠なことと心得る ……………………☞P36

ポイント 10
ファイルに貼るラベルには、わかりやすいタイトルをハッキリと記入しておく ……………………☞P40

ポイント 11
ファイルは、自分が仕事をするうえでもっとも使いやすい種別に分類する ……………………☞P42

ポイント 12
CD-RやFDなどの電子媒体も、専用のフォルダーに収納すればファイリングできる ……………………☞P43

ポイント 13
デスクまわりの整理は、ファイルが「デスクの上～引き出し」を“流れる”システムをとる ……………………☞P44

ポイント 14
本棚を整理する場合は、図書館のような「ジャンル別」方式で分類する ……………………☞P46

ポイント 15
バッグの中には「中仕切り」などを入れ、“バッグの中にバッグを入れる”感覚で整理する ……………………☞P48

第2章

「情報」の整理術

今のビジネスは、情報がすべてと言っても過言ではない。パソコンなどによる情報整理のやり方如何《いかん》によって、仕事の質がきまるのだ。

12月
1 (月)
2 (火)
3 (水)
4 (木)
5 (金)
6 (土)
7 (日)
NATIONAL STOCK EXCH

「情報」の整理術

デジタル情報を整理するためのシンプル・ルール

① デスクトップを整理する

デジタル情報の整理では、まず、自分が使っているパソコンのデスクトップを整理することからスタートするが、じつはこれがもっとも大切なのだ

〝まずはじめにデスクトップの整理から〟か……

パソコンにデータを保存しておけば、オフィスのコピー代や用紙代も節約することができる。

だが、そのデータを未整理のままにしていては、デスクトップが、あっという間にファイルでいっぱいになってしまう。

そこで、関連するものはフォルダを作成し、そこに収めるのだ。

さらに、そのフォルダを大きなフォルダにまとめてしまえば、本や新聞で言うところの「大見出し」「中見出し」「小見出し」となり、保管しているデータを探すときにも便利になる。

ただし、いくらパソコンとはいえ、決して万能ではない。万が一のトラブルに備え、データはバックアップをとっておくことも必要だ。

ごみ箱は左上隅に

ごみ箱をデスクトップの左下にある「スタート」ボタンから離れたところに置くことにより、データ類をうっかり捨ててしまうミスを防ぐ

アイコンはドラッグで移動！
ただし、画面右クリックで
「アイコンの整列」→
「アイコンの自動整列」の
チェックを外しておくこと！

注：Windows XPを使用した例

アプリケーションは左側に

各種アプリケーション（ごみ箱などを含む）は、デスクトップの左側に寄せておく。また、画面の大きさや解像度などにもよるだろうが、アプリケーションの数は2列程度までが望ましい。それ以上になると、見た目はもちろん、デスクトップの使い勝手が悪くなってしまう。つまり、仕事で使っているデスクの上と同様に、作業スペースが狭くなってしまうのだ

データは右側に

仕事で使う各種データ類は、デスクトップの右側に寄せる。これにより、デスクトップは「右側：データ／左側：アプリケーション」とエリア分けされることになる。なお、ここに置くフォルダの詳細については、次ページで解説する

❷ フォルダを使った整理システム

第1章ではファイリングのシステムを紹介したが（☞P44）、じつはパソコンでも、それと同じようなシステムの構築が可能だ

◆デスクトップのデータの流れ

❶未処理、❷処理中、❸保管中　という3つのフォルダを作る

↓

新着データは❶に入れ、そこから今処理するものを❷に移す

↓

❷のデータは「処理すべき」もの。処理が済んだら❸に移す

❶「未処理」フォルダ

電子媒体（FD、CD-Rなど）やメール、社内ネットワークなどからの新着データは、すべてこのフォルダの中に入れる。そして、明らかに不要なデータは削除し、今仕事で処理しなければならないデータを、❷のフォルダに移す

❷「処理中」フォルダ

ここに入っているデータは、「今処理している」もの。処理後はできるだけ早く外部に回し（メール、電子媒体、社内ネットワークなどを利用）、パソコンに保管すべきものは❸のフォルダに移す。不要になったデータは削除する

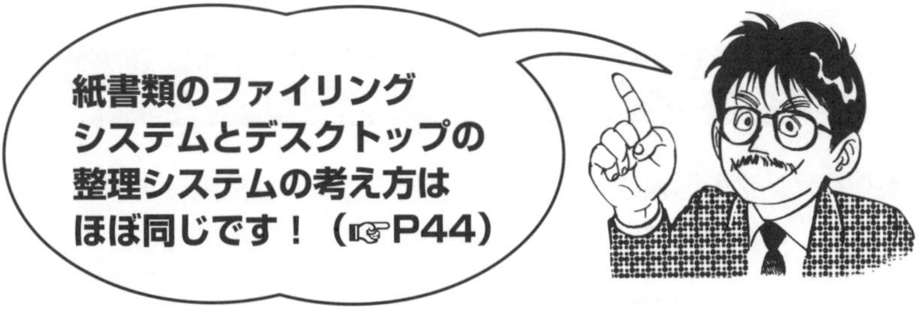

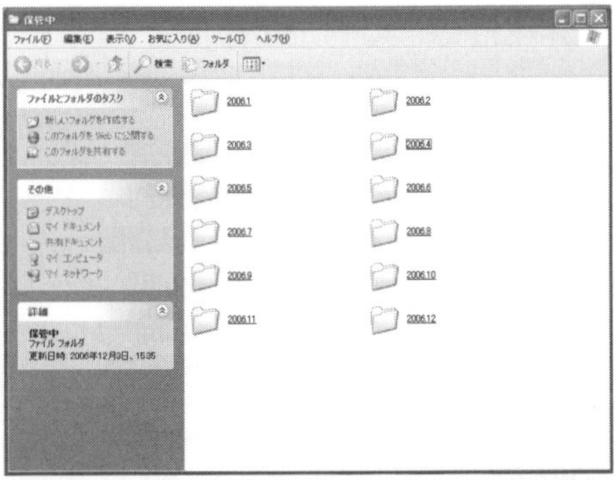

❸「保管中」フォルダ

ここには、一定期間（１年程度）保管しておくべきデータを入れる。ただし、このときには分類用のフォルダをさらに作り、紙書類をキャビネットに収納する場合と同じように（☞P15）、「年別」や「50音別」などのわかりやすい分類の仕方で保管しておくこと

❸ データ保存の習慣づけ

各種のデジタル情報は、データを損失してしまう危険性を常にともなう。それゆえ、“データ保存の習慣づけ”は必要不可欠だ

◆保管データを「圧縮」する

前項でも解説した「保管中」フォルダ内のファイルなど、普段はあまり使う機会のないデータ類は、「圧縮」しておく。こうすることによって各データの容量が小さくなり、ハードディスクへの負担が軽くなる（保管するデータが多くなるほどハードディスクへの負荷は増し、パソコンの処理能力にも影響が出る）。

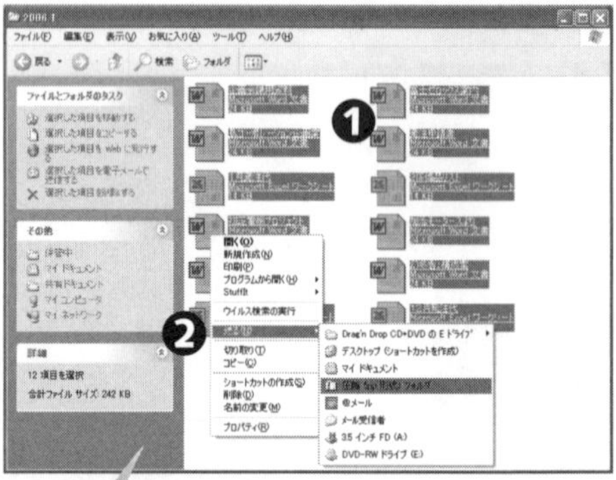

❶圧縮するファイルをすべて選択
❷右クリックし、「送る」→「圧縮（zip形式）フォルダ」を選択

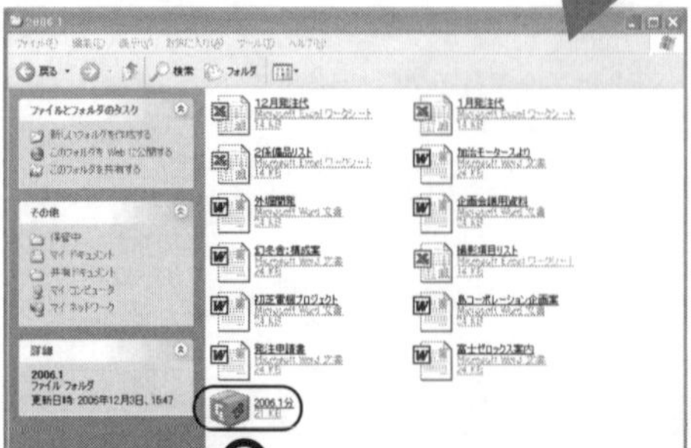

❸「保管中」フォルダ内に圧縮フォルダが作られた。あとはフォルダ名を適当なものに変え、もとのファイルを削除すればよい

◆データを「バックアップ」する

何らかの原因でパソコンが故障（フリーズ）したり、重要なデータにうっかり上書きしてしまったりするようなケースは少なからず起こり得る。そんなときのためにも、日ごろからのデータのバックアップはぜひとも習慣化しておきたい。外部ハードディスクやCD-R、FD、MOなどから適当な媒体を選び、記録保存しておく。「保管中」のデータはもちろん、56ページで解説した「未処理」「処理中」のデータなども、こまめにバックアップしておいたほうがよいだろう。

各種電子媒体でバックアップをしておけば、トラブルの発生時に、別のパソコンからデータを立ち上げることができる

あったぞ
このデータだ！
……助かった

4 検索ツールを活用する

ファイル数が増えてくれば、目的のものを探すのにも時間がかかってしまう。ここでは、それを一発で解決する方法を紹介しよう

◆Google《グーグル》『デスクトップ検索』の利用

保管しておいたファイルなどのデータをパソコン内から探す場合、Windowsに付いている検索機能では、そのファイル名を覚えていないと探し出しにくい。しかし、検索エンジンGoogleが無料で提供している『デスクトップ検索』を利用すれば、探したいデータに関する何らかのキーワードを入力するだけで、目的のデータがすぐに見つかる。

便利な検索ツールを
利用していない人は
意外に多いようです！

カタ
カタ

データの検索に
かかる時間は
わずか数秒程度だ

●設定方法

Googleトップページの下にある「Googleについて」→開いたページの左上「Googleデスクトップ検索」の順でクリックしていくと、右のような画面が表示される。あとは画面の指示に従ってダウンロードすればよい

●検索する

たとえば、「企画」というキーワードを入力して、デスクトップ検索をかけてみると……

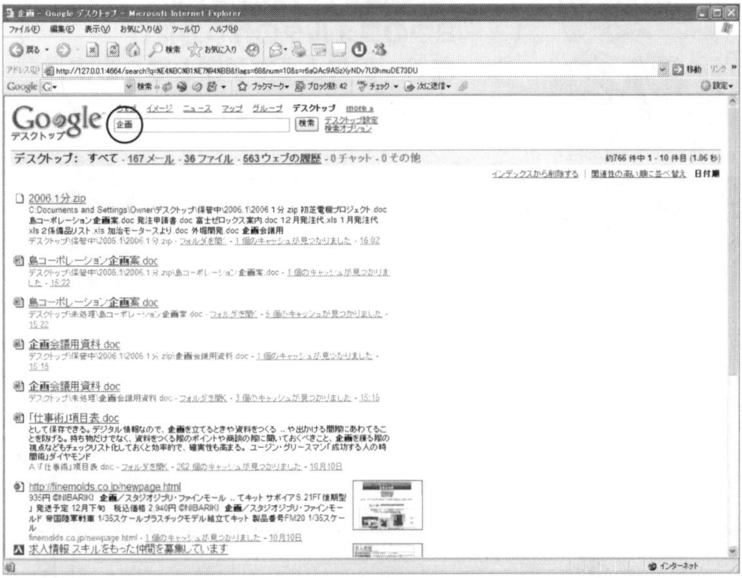

「企画」というキーワードが、タイトルや文書内のどこかに記載されているデータ類があれば、すばやく検索される（メールやPDF書類にも対応している）

5 仕事メールを整理する

今やビジネスには必要不可欠となったメール。日々受信される大量のメールを整理することなしに、仕事の効率化ははかれない

◆メールを仕分ける方法

仕事上、メールを使った作業が多い場合には、メールソフトの中に「未処理」「処理済」の2つのフォルダを作る。返信など、仕事としての“作業”が生じるメールについては、まず「未処理」フォルダに入れ、作業が済んだら「処理済」フォルダに入れる。こうすることで、メールの“処理もれ”をかなりの確率で防ぐことができるようになる。なお、仕事以外の不要なメールについては“即捨て”が鉄則だ。

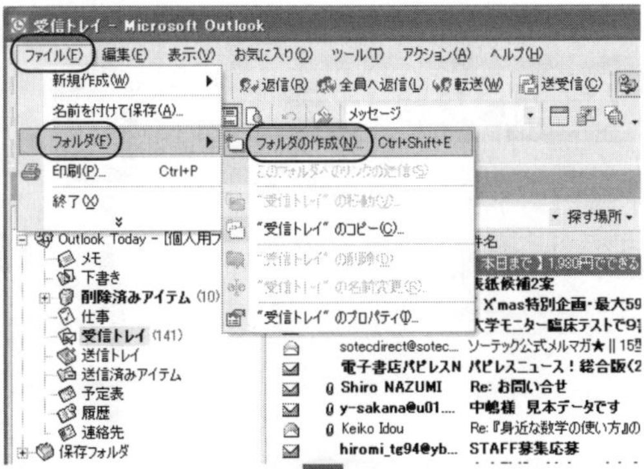

手順1

メールソフトを開いて、画面の左上隅にある「ファイル」をクリックしたあと、「フォルダ」→「フォルダの作成」の順に選んでいく

注：Microsoft Outlookを使用した例

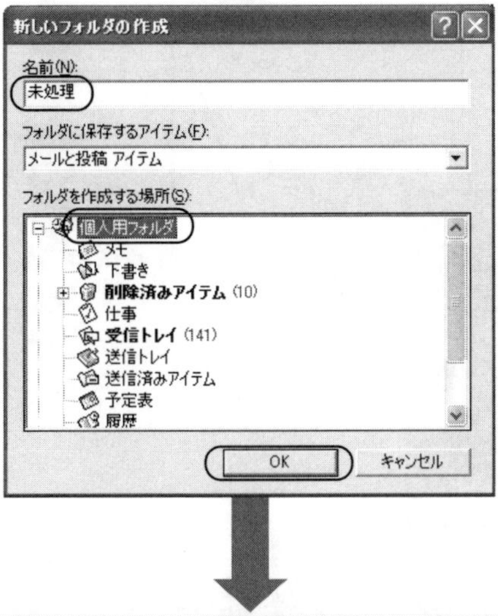

手順2

「新しいフォルダの作成」の画面が表示されたら、「名前」のところに“未処理”と入力。「フォルダを作成する場所」の「個人用フォルダ」を選んで「OK」をクリックする

注：「未処理」フォルダを作る場合

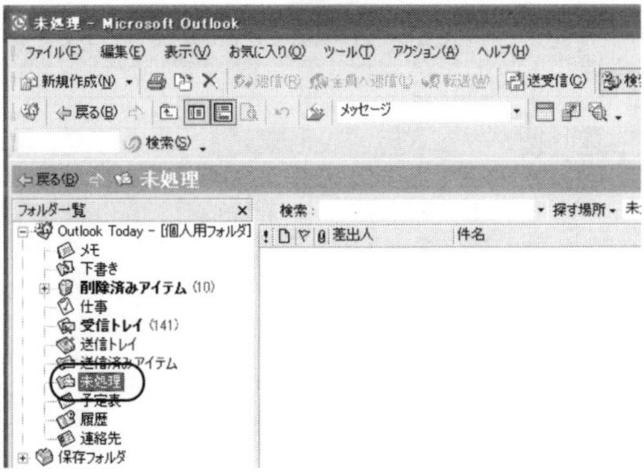

手順3

画面の左側にある「フォルダ一覧」に、「受信トレイ」や「送信トレイ」「送信済みアイテム」などと並んで、「未処理」フォルダが表示される。「処理済」フォルダを作る場合も、作業手順は同じだ

常に情報処理のスピードアップを考える

1 文書フォーマットの作成

仕事の文書は、事前にフォーマットを作る。そうすれば文書作成の手間が省け、紙書類はもちろん、デジタル情報の整理システムも確立されていく

これも
「整理術」の
1つです！

カタタタタ
この文書があれば
作業の効率は
断然よくなるはずだ

書類作成の効率化をはかるためにも、文書フォーマットの作成は必要不可欠なことといえる

定期的に使う文書（メールなど）やビジネス文書は、あらかじめフォーマットを作成しておくようにすると手間も時間も省ける。

その都度文書を作っていたのでは時間もかかるし、必要事項の入力漏れなど、書類作成時にミスをする可能性もあるからだ。

ただし、フォーマットの一部をコピーして使うときには、年月日や記入すべき数字、相手先の名称、電話番号などは、必ず確認するよう注意すること。

なお、パソコンの習熟度やトラックパッドの好き嫌いなどの個人差はあるものの、「ショートカットキー」を活用すると、パソコンによる作業を能率よく進められるということも覚えておきたい。

●一般的な「ビジネス文書」のフォーマット例

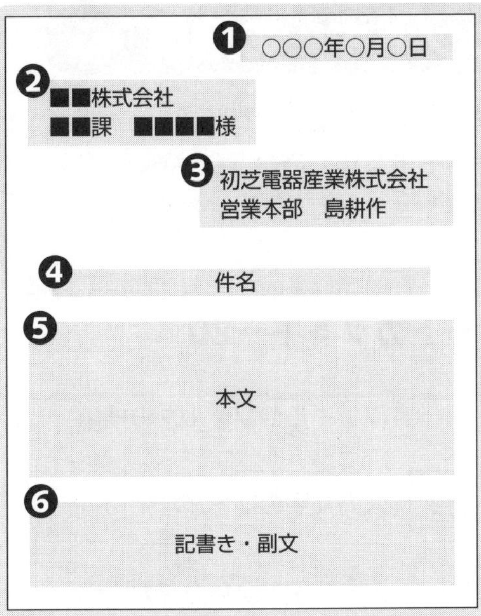

❶発信年月日
❷受信者名
（株）などの略字を使わず、正式名で記す
❸発信者名
❹件名
わかりやすく記す。
例「企画会議の件」など
❺本文
❻記書き・副文
ここには、場所や時間などの事項や追伸を書く

●「メール文書」のフォーマット作成手順

❶ワードなどで右の文面のような文書を作り、テキスト形式で保存
❷メール画面上部の「ツール」から、「オプション」→「メール形式」→「署名」→「新規作成」の順にクリック
❸「このファイルをテンプレートとして使う」にチェックして「参照」をクリックし、❶のファイルを選択
❹これで、メールを作る際には、❶の文書が自動的に貼り付けられている。これはメールの「署名」機能を応用し、文書フォーマットを貼り付けてしまうというテクニックだ

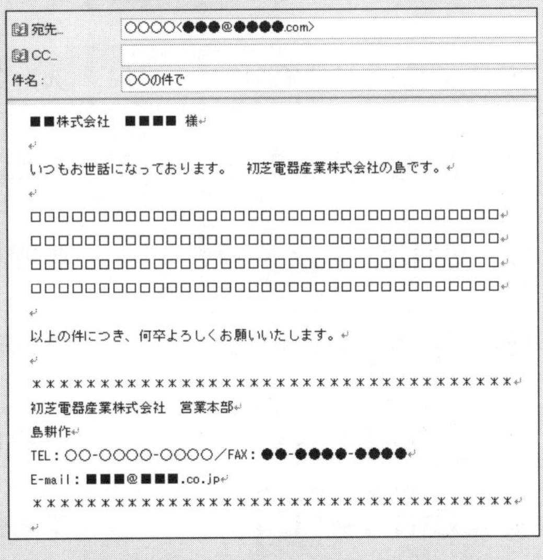
宛先... ○○○○<●●●@●●●●.com>
CC...
件名： ○○の件で

■■株式会社　■■■■　様

いつもお世話になっております。　初芝電器産業株式会社の島です。

□□□□□□□□□□□□□□□□□□□□□□□□□□□□□□□□□□□□
□□□□□□□□□□□□□□□□□□□□□□□□□□□□□□□□□□□□
□□□□□□□□□□□□□□□□□□□□□□□□□□□□□□□□□□□□
□□□□□□□□□□□□□□□□□□□□□□□□□□□□□□□□□□□□

以上の件につき、何卒よろしくお願いいたします。

＊＊＊＊＊＊＊＊＊＊＊＊＊＊＊＊＊＊＊＊＊＊＊＊＊＊＊＊＊＊＊＊＊＊＊＊
初芝電器産業株式会社　営業本部
島耕作
TEL：○○-○○○○-○○○○／FAX：●●-●●●●-●●●●
E-mail：■■■@■■■.co.jp
＊＊＊＊＊＊＊＊＊＊＊＊＊＊＊＊＊＊＊＊＊＊＊＊＊＊＊＊＊＊＊＊＊＊＊＊

注：Microsoft Outlookを使用した例

2 ショートカットキーの活用

デジタル情報の整理では、マウスなどを使うよりも「ショートカットキー」を活用したほうが手っ取り早く済む場合がある。ここでは、情報処理に役立つおもなショートカットキーを紹介する

注：Windowsパソコンの場合

◆情報処理に役立つショートカットキー20

①	F3	ファイルやフォルダの検索
②	F6 / Ctrl + U	入力文字のひらがな化
③	F7 / Ctrl + I	入力文字の全角カタカナ化
④	F8 / Ctrl + O	入力文字の半角カタカナ化
⑤	F9 / Ctrl + P	入力文字の全角英数字化
⑥	F10 / Ctrl + T	入力文字の半角英数字化
⑦	Shift + スペース	半角スペースの入力
⑧	Shift + Del	ごみ箱に入れずに削除
⑨	Ctrl + A	ファイルやフォルダの全選択
⑩	Ctrl + C	ファイルやフォルダのコピー
⑪	Ctrl + V	ファイルやフォルダのペースト

⑫	Ctrl + N	ファイルの新規作成
⑬	Ctrl + P	印刷
⑭	Ctrl + Y	「操作の取り消し」の取り消し
⑮	Ctrl + Z	直前操作の取り消し
⑯	Ctrl + Windows + F	コンピュータの検索
⑰	Ctrl + Alt + Del	アプリケーションの強制終了
⑱	Ctrl + Back Space	確定直後の文字を確定前の状態に戻す
⑲	Windows + D	全ウィンドウの最小化／もとに戻す
⑳	Alt + Tab / Alt + Esc	アプリケーションの切り替え

おお　なるほど！
これなら外でパソコンを
使うときでも楽だ

第 2 章

ここまでのポイント❶

ポイント 1
デジタル情報の整理にあたっては、まず、パソコンのデスクトップの整理から着手する ……☞P54

ポイント 2
デスクトップに「未処理」「処理中」「保管中」の3つのフォルダを作り、ファイルを整理する ……☞P56

ポイント 3
パソコン内に保存しているデータは、トラブルに備えて定期的にバックアップしておく ……☞P58

ポイント 4
ファイル検索の際には、Google《グーグル》『デスクトップ検索』を利用すると格段に便利さが増す ……☞P60

ポイント 5
仕事上のメールは、メールソフトの中に「未処理」と「処理済」のフォルダを作って管理する ……☞P62

ポイント 6
定期的に使うビジネス文書やメール文書は、事前にフォーマットを作成しておく ……☞P64

ポイント 7
仕事に活用できる「ショートカットキー」を覚えておくと、マウスよりも速く作業ができる ……☞P66

メモ代わりに使ってしまう携帯電話のテクニック

1 携帯電話の活用法①

携帯に付属する機能にはメールやカメラなどがあるが、これらは「情報」の整理にも役立つ機能だ

◆メモ代わりに携帯電話を使う

外出先では、いかにして重要なポイントを抜かりなく把握できるかが、自分の仕事に大きく影響する。しかし、その都度いちいちメモ帳を使うというのは、かえって効率が悪いことにもなりかねない。そこで活躍するのが、今やほとんどのビジネスマンが利用しているという携帯電話。これをメモ代わりに駆使するのだ。

加治不動産の
稲本です　今から
伺います

今や、携帯電話も立派なビジネスツールとなっている。

外出先で思いついたアイデアを手帳にメモするのもよいが、携帯メールで会社のパソコンにデータを送信しておけば、帰社してからそれに肉付けができる。

また、Yahoo《ヤフー》! JAPANでは、IDを取得する必要があるものの、会社宛てのメールを携帯で確認できるサービスを行っていて、さらにはスケジュールやアドレス帳を管理してくれるサービスもあるので、とても便利だ。

なお、携帯のカメラで資料などを撮影し、データを会社のパソコンに送信するのも便利なテクニックだが、場合によっては著作権の侵害になるので要注意だ。

❶カメラを使う方法

外出時に、訪問先の名刺情報、あるいは新聞や雑誌に載っていた情報などをメモするのには結構手間がかかる。その際には携帯電話のカメラで撮影し、画像データをメールで会社のパソコンに送る。そして帰社したら画像を確認し、入手情報を活用すればよい。ただし、書店などに並ぶ本を撮影するのは著作権侵害になるので厳禁だ

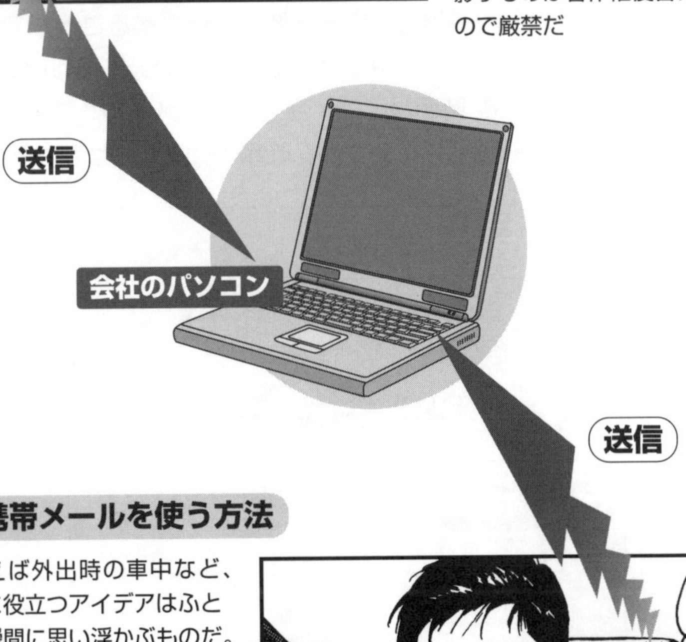

❷携帯メールを使う方法

たとえば外出時の車中など、仕事に役立つアイデアはふとした瞬間に思い浮かぶものだ。しかし、そんなときにかぎってメモし忘れたり、メモするタイミングを逸したりすることがじつに多い。そんなときには、携帯のメールにすかさずアイデアを書き込み、会社にある自分のパソコンに送信すればよいのだ

2 携帯電話の活用法②

携帯メールをうまく利用すれば、本来はオフィスで扱わなければならない情報さえも、外出先などで処理・整理することができる

◆会社宛てのメールを携帯メールで読む

ポータルサイトYahoo《ヤフー》! JAPANが行っている無料サービス『Yahoo!メール』（http://mail.yahoo.co.jp/）などを利用すれば、外出先からでも会社のパソコンに届いたメールをチェックすることができる。仕事で外出したとしても、オフィスでの作業がその分減るわけではないので、外出中の空いた時間などに、会社宛てのメールを確認することができれば時間の有効活用にもなり、仕事の効率化がはかれるのだ。

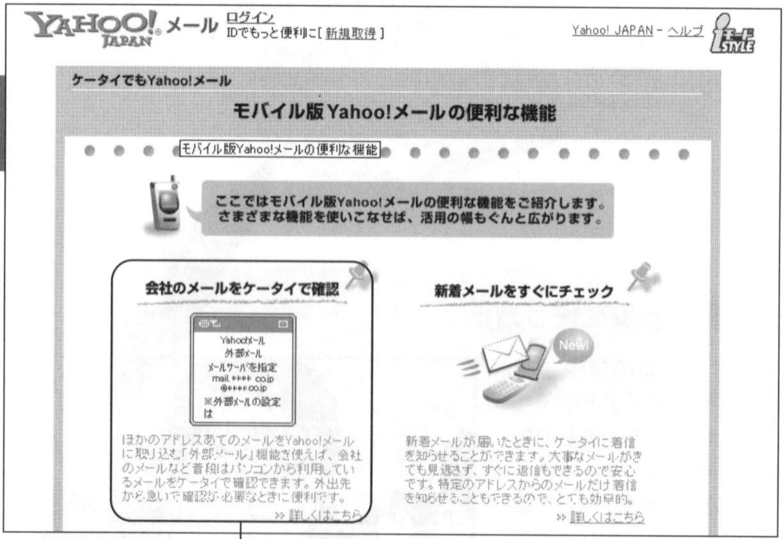

『Yahoo!メール』には、会社に届いたメールを携帯で確認できる「外部メール」機能が付いている。このほか、パソコンと携帯の両方からスケジュール管理を行える『Yahoo!カレンダー』などもあるので、ぜひ活用したい

●会社にメールが届く

取引先などからは随時、会社のアドレス宛てに各種の用件メールが届くわけだが、早めに処理しておかなければならない用件にかぎって、自分が外出している間に届いたりするものだ

明日の打ち合わせですが、
13:00〜というのは
いかがでしょうか？
よろしく
ご検討ください。
カタ
カタ

会社のパソコン
これが、
その便利な
仕組みです！

●携帯で読む

移動中の車中などにいながらにして、会社のパソコンに届いたメールをチェックすることができる。新着メールが届いたときに、それをすぐに携帯に通知してくれる機能もあわせて利用したい

1 情報伝達の仕組み

正しく情報素材を処理するためにも、ここでいったん、情報が伝達する流れを再確認しておきたい

情報“発信”
いよいよお偉方も動き出したようです勝負どころですよ

メディア情報に加え、インターネットでも情報を得られる現代では、〝情報の取捨選択〟が必須だ。

その判断基準の1つが「仕事での成果に結び付くかどうか」。「将来、役に立ちそう」「いずれ必要になるかも」といった類のものも、うまく取捨選択しないと情報の洪水に飲み込まれてしまうのだ。

情報の宝庫と呼ばれる新聞にしても、すべての記事を読んでいては時間がかかる。見出しだけで要・不要を判断することが肝要だ。

なお、スクラップするのは必要最小限に留め、1～2か月後に再度チェックして、不要な情報は捨ててしまうこと。そのときには〝新聞〟であっても、時間が経ち過ぎて〝旧聞〟になっては意味がないのだ。

有効活用！

“成果を出すために役立つ”と判断した情報

☞ただし、情報には“賞味期限”があることも現実

必要

情報“入手”

なるほどいよいよですか！

情報

ニュース／資料／データ／連絡など

伝達

不要

リサイクル

- 同僚に情報提供
- 外部と情報交換
- 他のことに活用

ゴミ

- 自分とは無関係な情報
- すでに知っている情報
- 不要になった情報
- 役に立たなかった情報
- 古くなった情報

2 新聞情報のスクラップ法

スクラップは、新聞情報を整理するうえでは欠かすことのできないものだが、それを行う際にはいくつかの工夫が必要となる

この記事は重要だ
スクラップせねば

ビジネスマンなら新聞を読むことも当然多いが、新聞記事は情報素材として有用なもの。一読するだけではなく、切り抜いてスクラップしておくことも必要になる。しかし、ただ漠然と切り抜くのではなく、“自分の仕事に役立つか？”という観点を持つことも大切だ。

新聞を読むときのポイント

ポイント1　すべての記事は読まない！

新聞1紙は新書1冊分と同じ文字量とも言われ、かぎられた時間で全部読むのは、現実的には無理

ポイント2　「見出し」で欲しい記事を判断する！

自分にとって必要な記事かどうかを、「見出し」をもとにして判断し、不要であれば読まない

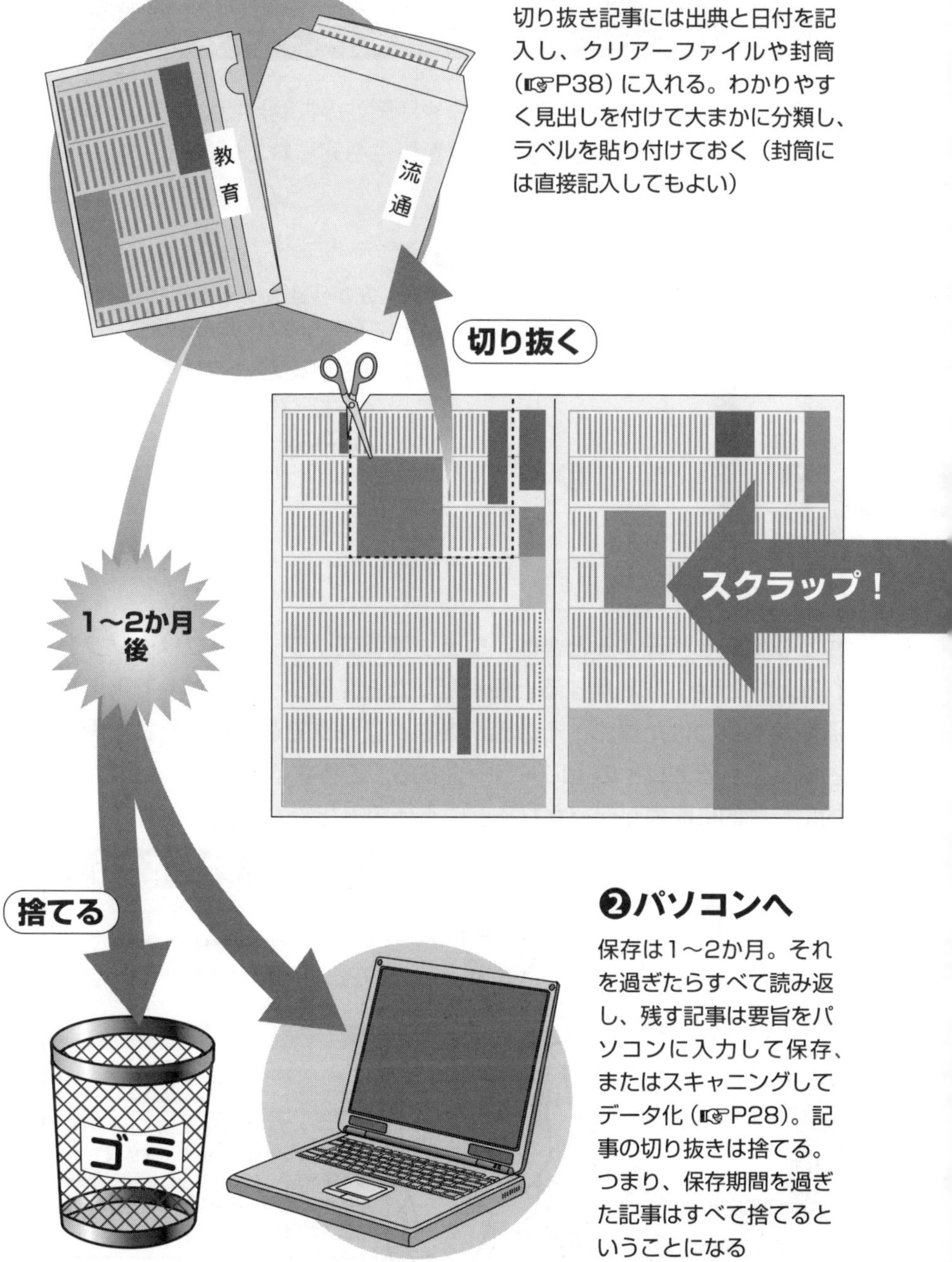

❶スクラップする

切り抜き記事には出典と日付を記入し、クリアーファイルや封筒（☞P38）に入れる。わかりやすく見出しを付けて大まかに分類し、ラベルを貼り付けておく（封筒には直接記入してもよい）

❷パソコンへ

保存は1～2か月。それを過ぎたらすべて読み返し、残す記事は要旨をパソコンに入力して保存、またはスキャニングしてデータ化（☞P28）。記事の切り抜きは捨てる。つまり、保存期間を過ぎた記事はすべて捨てるということになる

3 ウェブ情報のスクラップ法

インターネットからの情報は、今や新聞並みに利用機会が多い。しかし、その情報を整理する手段は意外にも知られていない

◆『紙copi《コピ》 Lite《ライト》』を利用する

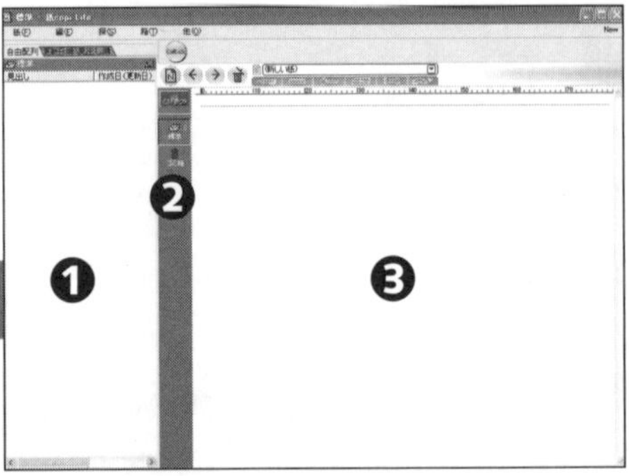

左が『紙copi Lite』の基本画面（何も保存していない状態）

❶見出しリストエリア

❷トレイ（箱）エリア

❸本文表示エリア

ウェブ情報を整理するときは、ウェブ情報スクラップ用フリーソフト『紙copi Lite』を利用すると便利だ。たとえばウェブサイトで気になる記事を見つけた場合、その箇所を右クリックで選択し、それを画面右端に現れるトレイの上にドラッグする。そうすると、『紙copi Lite』内に自動的に記事が保存されるという仕組みだ。

ダウンロードはここから！

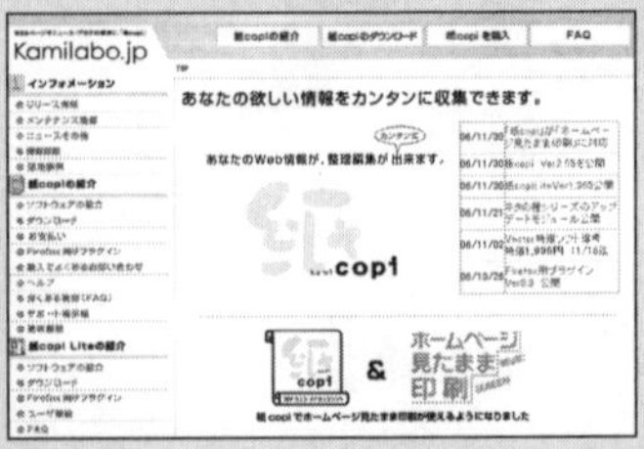

フリーソフトの『紙copi Lite』は、http://www.kamilabo.jpから入手する（要登録）。なお、さらに便利で多彩な機能が付いた本格ソフト『紙copi』も購入が可能だ

情報源は
なんでも
OK！

欲しい記事を右クリックで選択する

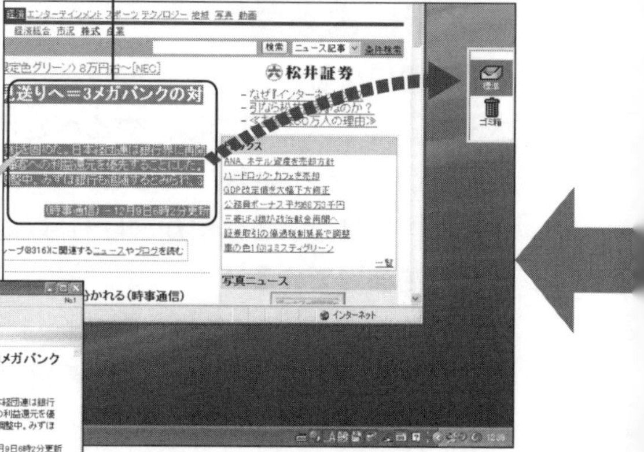

選んだ記事を画面右側にドラッグすると、トレイ（箱）が自動的に現れるので、そのままトレイの上で指を離す

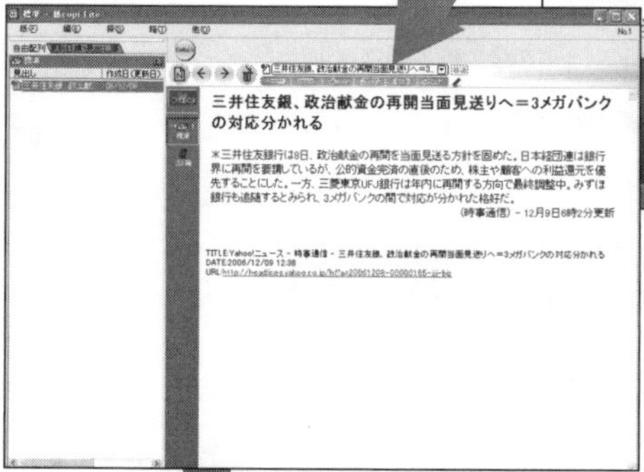

『紙copi Lite』内に記事が保存された。見出しは記事の１行目をもとに、自動的に付けられている

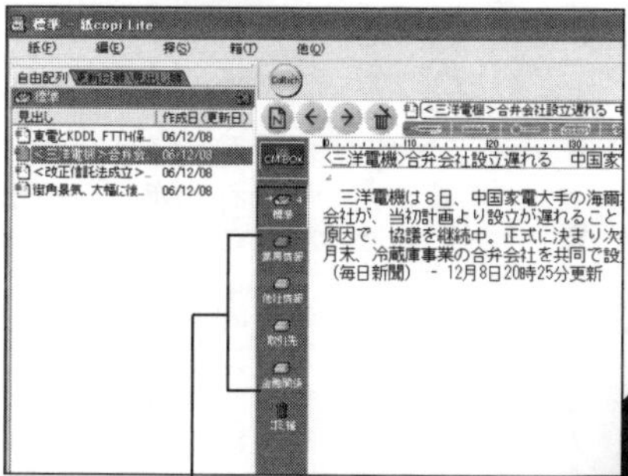

トレイ（箱）に名前を付けて記事を分ければ、情報の分類も可能だ

うん
たしかに！

情報整理の武器となる"メモ"と"ふせん"

1 "メモ"の基本ポイント

メモはオフィスの内外を問わず、仕事をするうえでは絶対に欠かすことができない。メモ用紙は、いつでもすぐに手に取れる場所に置いておきたい

◆メモによる効用

❶備忘録になる

メモをとる最大の目的は、やるべき用件を"忘れないため"だ。あとで見返したときに、その内容をしっかりと思い出せるように書かなければならない。

❷「頭」を整理できる

入ってくる情報が多いほど、頭の中は混乱する。そんなときにメモをとれば、いったん情報がアウトプットされ、頭の中を整理することができるのだ。☞第3章へ

記号化する

普段の仕事でメモをとる際、とくに頻出するような言葉があれば、次の例のように記号化しておくと便利だ
〈例〉 Ⓣ電話、㊒打ち合わせ、Ⓜメール　など

あわてて書いたメモをあとで見たら、何のことだかわからなかったという経験はないだろうか？

メモをとるときのコツは、用件、相手だけではなく、日付や時刻なども書き添えること。そうすると、メモをとったときの状況を思い起こせるから、メモ書きしたこと以外のことまで思い出せるのだ。

また、メモ用紙以外では、ふせんを利用するのもいい。このときは、たとえば「赤は緊急」「黄色は誰かに伝達」というような、自分なりのルールを作っておきたい。

ふせんは貼ったりはがしたりできるので、目の前に貼っておいたものを外出の際に手帳に貼り移すようにすれば、転記する必要がなくなるのも利点だ。

日付を入れる

これがメモの“データ”となる。日付（年・月・日）を入れておくと、いつ書いたメモなのかが一目でわかる。曜日や時刻を一緒に記入しておいてもよい

簡潔に書く

ここには、詳細な内容を記入する必要はない。用件がすぐにわかるように、的確、かつ簡潔に箇条書きしておけば、書き込むときの手間が省けるのだ

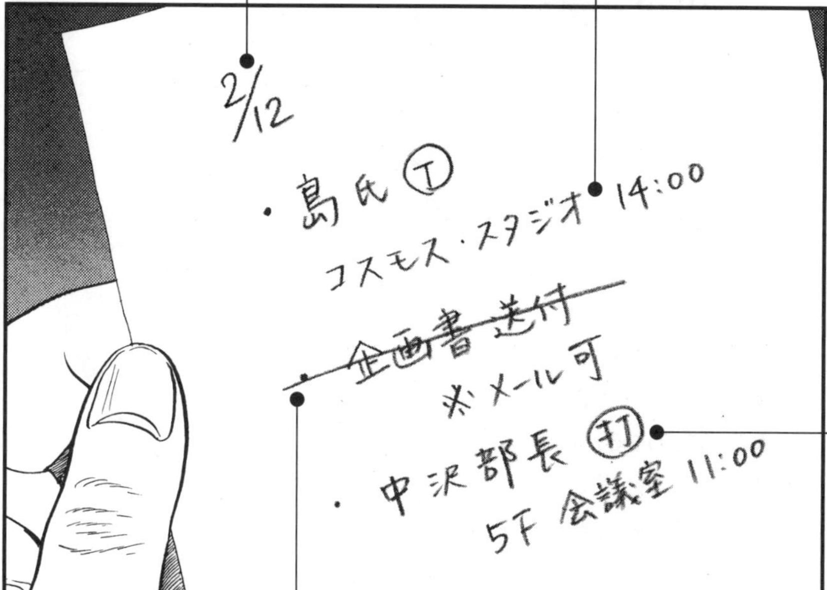

済んだら消す

用件を消化したあとは、線を引いて、しっかりと消しておく。こうしておかないと、“やったのかどうかを忘れる”ことにもなりかねないのだ

2 “ふせん”の基本ポイント

ふせんはメモ用紙と同様に、用件や入手情報などを書き記すために使われるが、どこにでも貼り付けることができてよく目立つ。ただし、用件が済んだら必ずはがすことを習慣にしておきたい

ふせんの種類

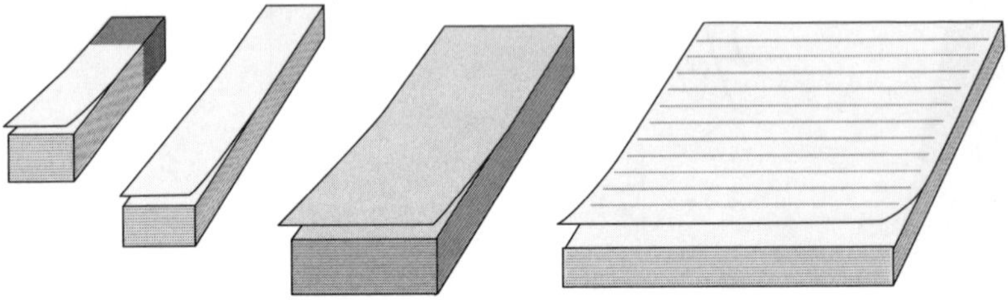

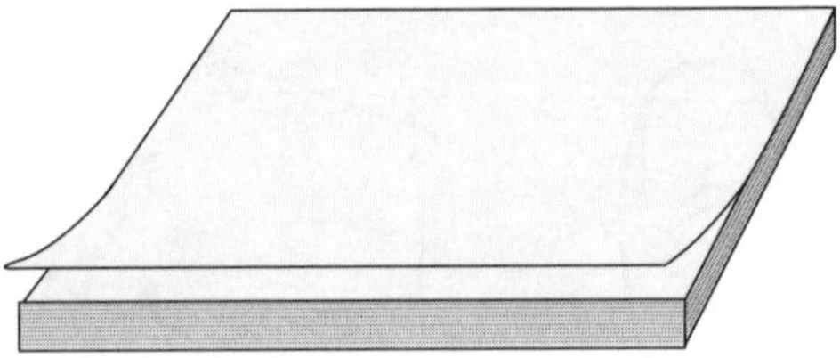

各種サイズがあり、カラー別のものや罫線入りのものもあるので、自分の仕事に合ったものが選べる

ふせんを貼っててよかった……
危うく忘れるところだったよ

◆ふせん使いの基本例

●パソコンに貼る

パソコンはほぼ毎日使うので、ディスプレイの横（縁）などに用件を書いた小さめのふせんを貼り付けておくとよい

●電話機に貼る

電話機の受話器部分に貼り付けておくと、必ず電話をかけなければならない用件などを忘れにくくする効果がある

●本や雑誌に貼る

本や雑誌を“情報源”として使う場合は、しおりよりも使いやすい。ただし、ページをめくったときにはがれ落ちないように注意したい

●手帳に貼る

スケジュール上で頻出する用件があれば、それをふせんに書いて、手帳などの日付欄に貼り付けてもよい。また、そのふせんは翌週以降も繰り返し使える

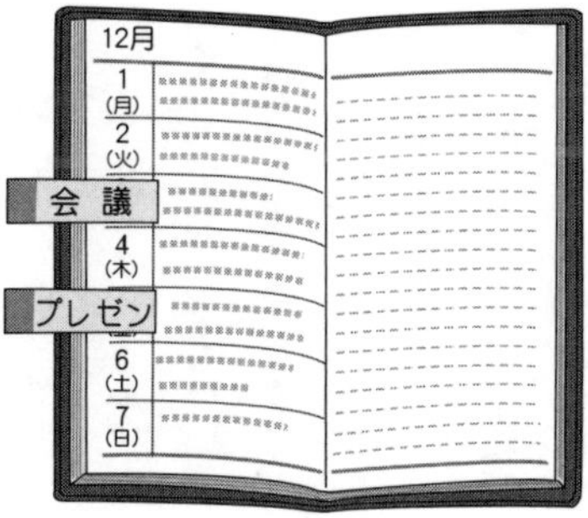

手帳には「いつ」「何を」するのかを必ず書く

① 使う手帳を決める

手帳は社内外を問わず、会議や打ち合わせなどに臨む際には、なくてはならないものの一つだ。しかし、“手帳なら何でも”という姿勢で選ぶと、仕事の効率にも悪影響が出るので注意したい

加治興行との
打ち合わせは……
明後日か

手帳は使い方1つで、仕事上の強力な武器となる。手帳には何を書こうと自由だし、他人に見せるものでもないので、自分なりの記号や色分けなどのルールを作って活用していくことができるのだ。

システム手帳の利点は、リフィルを交換できること。そのときに必要な情報や年間・月間・週間のスケジュールなどをセットしておく。もちろん、使い終えたら処分してもいいし、別のファイルに資料として保存しておいてもいい。

リフィルにはさまざまなタイプがあるので、自分がいちばん使いやすいものを見つけたい。

もちろん、綴じタイプの手帳でも、自分に合ったものがあればそれを使うのがベストだろう。

◆手帳の代表的なタイプ

手帳には大きく分けて、最初からノートのように綴じたかたちになっている「綴じ手帳」と、中身を自分が使いやすいように組み合わせて使える「システム手帳」がある。どちらにも一長一短はあるが、自分の使い勝手に合っているかどうかで使うタイプを決めたい。

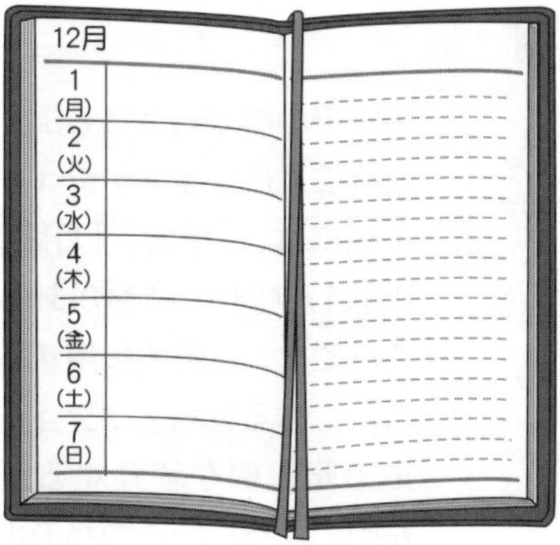

●綴じ手帳

このタイプはサイズがじつに豊富で、携帯にも便利だ。ただし、中身のスケジュール表やアドレス帳などは種類やメーカーによって特長があるので、本当に自分が使いやすいのかどうかを見極めることが一つのポイントになる

●システム手帳

リングでファイルを綴じるバインダー式が基本。自分に合ったスケジュール表やメモなどの各種リフィルを組み合わせることができる。高級皮革やカラフルなビニール素材を使ったものも多く、デザイン的にも充実している

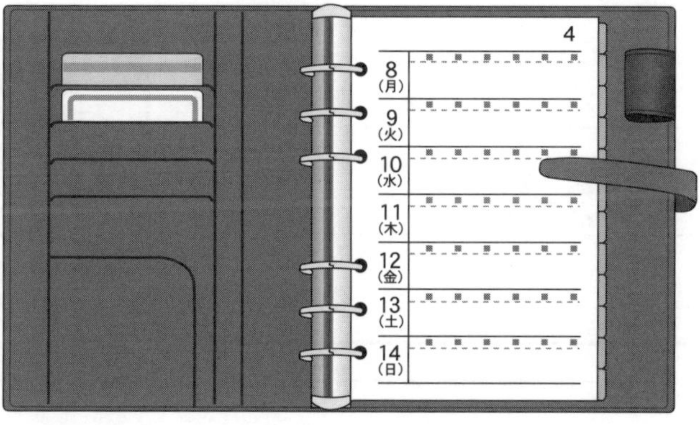

2 手帳に記入するときのコツ

手帳に書くのは「いつ」「何を」するのか、ということが基本。
ただ漠然と記入していては、情報の整理にはつながらない

◆週間スケジュールの記入例

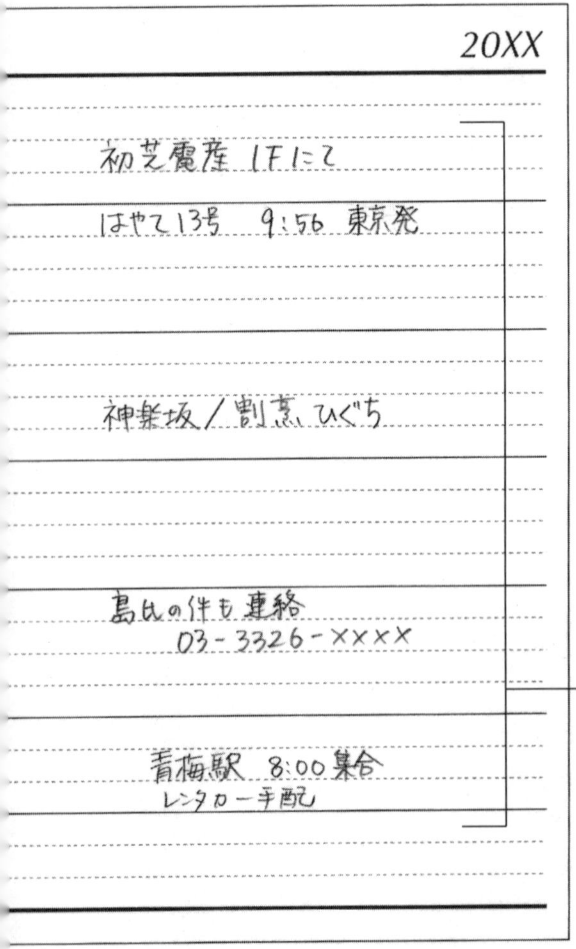

手帳の中身でもっともよく使うことになるスケジュール欄には、「年間」「月間」「週間」などの種類がある。ここでは、比較的多用することになる週間スケジュールの記入例を紹介するが、左図のようにいくつかのルールを決めたうえで記入すると、記入情報の活用と整理が断然しやすくなる。

具体的事項を記入

メモ欄には、予定の具体的な内容や場所、連絡先などの情報を記入する。左ページのスケジュール欄に書かれた予定事項の横の位置になるように記入すると、わかりやすい

記号化する

メモと同様、仕事上で頻出するような言葉があれば記号化しておくと便利だ
（☞P80参照）

済んだら消す

無事に予定が済んだら、用件に線を引いて消す。こうすることで、不要な用件を“捨てる”ことになり、「頭」の整理にもなる

大事な予定は強調

囲みを付けたりマーカーを引いたりして、目立たせる

予定変更のとき

もとの予定に線を引き、変更事項（時間など）を書き込む。予定日が移った場合は矢印で示してもよい。なお、頻出する予定があれば、ふせんを利用したい
（☞P82参照）

プライベートは別色に

会社以外の予定は別色で記入するとわかりやすい

12月
1 (月)
2 (火)
会議
4 (木)
プレゼン
6 (土)
7 (日)

第 2 章

ここまでのポイント❷

ポイント
8
携帯電話に付いている「カメラ」「メール」機能は、“メモ代わり”として使うことができる ……………………☞P70

ポイント
9
『Yhaoo!《ヤフー》メール』などのサービスを利用すれば、会社宛てのメールを携帯で読むこともできる ………☞P72

ポイント
10
情報が氾濫する現代においては、役立つもの以外は不要とする“情報の取捨選択”が必須……………………☞P74

ポイント
11
すべての新聞記事を読むことは時間的に無理なので、「見出し」で読むか否かを判断する…………………………☞P76

ポイント
12
ウェブからの情報は、「紙《コピ》copi Lite《ライト》」などを使ってスクラップしていくと便利 ………………………………☞P78

ポイント
13
メモをとるときのコツは、「用件」「相手」だけではなく、「日付(時刻)」を書き添えること …………………………☞P80

ポイント
14
ふせんは“目につくところ”に貼るのが基本だが、用件が済んだあとは必ずはがしておく …………………………☞P82

ポイント
15
手帳には「いつ」「何を」するのかを記入し、用件が済んだら必ず線を引いて消しておく ……………………………☞P86

第3章

「頭」の整理術

経営悪化の責任は管理職全員にあると考えよ！

仕事における何らかの問題を抱えると、
精神的余裕がなくなり、頭の中が混乱してしまう。
だが、その解消法は意外なほどに単純明快だ。

「頭」の整理術

混乱した頭の中をスッキリさせるためのプロセス

頭の中を整理する

「仕事がなかなかうまくいかない！」と嘆くビジネスマンの多くは、“頭の中が混乱＝未整理”の状態になっていることが多い。そこに早く気が付けば、問題は意外にも簡単に解決していくのだ

マズイ　また仕事でミスをしてしまった……

おそらくあなたにも経験があるはずです！

忙しいときほど、〝何から手をつけていいのかわからない〟状態に陥りがちだが、解決法はある。

それは「優先順位」を付けること。「何をしたいのか？」ではなく、「何からすべきか？」を考えるのだ。

頭の中で整理できなくなったら、案件をメモ用紙やカードなどに書き出したりして（次項～参照）、一通りそれを眺めてみるとよい。全体像が見えると、パズルが解けたときのような気分になるはずだ。

頭の中が“混乱”！

・仕事に追われて精神的余裕がない
・仕事上の不安や迷いがある　　など

↓

ミスなどを犯しやすくなる

↓

「頭」の整理！

何を優先させるべきかを決める

・上司や同僚に相談する
・仕事の関係者に確認する　　など

↓

頭の中が“整理”される

↓

よし！
もう大丈夫だ
仕事するぞ！

「頭」の整理術

仕事上のトラブルはカードに書き出してみる

1 メモ用紙を使う

混乱した頭の中を整理する際には、頭の中を渦巻いている情報を一度アウトプットすることが必要。そのための手段の一つが「メモ書き」である

忙しくて何から手をつけたらよいのかわからなくなるのは、〝頭の中〟が混乱しているから。それを解消するにはメモやカードを使う。

たとえば、１つの案件について、「納期はいつか?」「上司に相談すべきこと」などの問題点をメモ用紙に箇条書きする。そうすると、問題の全体像が把握できるのだ。ただし、メモしたら「忘れる」ことも時には必要となる。

さらに、案件が複数あるような場合にはカードも使いたい。１つ１つの項目を具体的、かつ簡潔に書き出し、そのあとで、似たものどうしのカードを集めてグループ化をはかる。頭の中だけで考えるよりも早く、問題解決の方向へと向かうはずだ。

◆問題点を書き出してみる

仕事における何らかのトラブルをいくつも抱え込んでしまうと、頭の中は混乱をきたしてしまう。そんなときにはまず、メモ用紙やルーズリーフなどを用意し、たとえば、「時間的な余裕はどれほどあるのか？」「その仕事はどのような形にしなければならないのか？」など、思い当たる問題点を箇条書きにしていく

絡み合った問題点が解きほぐされる

・各問題点の明確化　・仕事の全体像の把握

どのような解決策をとるべきかがわかる

「上司に相談すべきだ」「あの仕事はあとまわしに」

解決策が見つからないとき……

わかるところまでメモしたら、いったん“忘れる”。後日、何らかの解決策が見つかることもあり得るのだ

2 カードを使う

頭の中の情報を一度アウトプットするというプロセスは前項のメモ用紙と同じ。やはり、“手で書き出す”作業が重要なのである

◆『KJ法』を参考にした「頭」の整理術

『KJ法』とは、文化人類学者の川喜田二郎氏が提唱した「創造的問題解決」の手法で、新たな物事を創造・発想する際などに広く活用されている。ここで解説するのは、この手法のプロセスを参考にした「頭」の整理術である。

用意するもの

・小さめに切ったカード（コピー用紙を分割したものでもよい）
・ペン
※大きめのテーブルなどを確保しておく

プロセス❶

納品が遅れる

頭の中が混乱しているのはなぜなのかを考え、思いついたことをカード１枚につき１つずつ書き出していく。このときにはできるだけ具体的に、簡潔に書く

じつは、カードへの
書き込みの作業自体が、
自分の頭の中を徐々に
“整理”していくのです！

プロセス❷

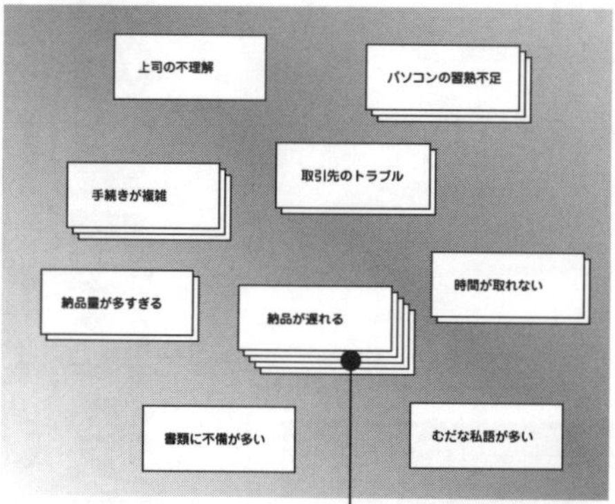

大きなテーブルの上などのスペースを使い、プロセス❶で集まったカードを分類する。このときには、あくまでも直観で似たものや近いものどうしをまとめながら、いくつかにグループ分けしていく

プロセス❸

いくつかのグループが形成されたら、それぞれのグループごとに、そのグループ全体をあらわす一文を書いたカードを作り、それを「代表カード」にする（いちばん上に置く）

並べられたカードを見渡し、グループどうしの関係性などを考える。そうすると、どう解決すべきかが当初にくらべて明確化し、より具体的な解決策がとれるようになる

「頭」の整理術

じつは人との会話が頭の整理に役立つ

1 “ヒラメキ”の処理

突然ひらめいたアイデアは、後々活用すべきものにもかかわらず、「記憶しにくい」特性がある

◆ふせんを使う

アイデアは突然ひらめくもの。だから大概はそれをメモせず、結局は忘れてしまうことが多い。だから、「あのアイデアは何だっけ？」ということになるのだ。ひらめいたときはすぐにメモするのが大切だが、その際に“ふせん”というアイテムを使えば、それならではの利点を生かすことができる

急に、仕事に通じるアイデアを思いついた場合には、それをただの思いつきで終わらせないためにも、〝ヒラメキ〟が消え去る前に形に残してしまう。

そこで役立つのが「ふせん」だ。ビジネスマンならスーツのポケットやバッグの中にはペンがあるだろうが、やや大きめのふせんも一緒に入れておけば、いつでも書き留めることができる。ふせんならあとで手帳などに貼ることもできるので、転記する必要もない。

また「頭」の整理では、人に話すことも重要なポイント。上司や同僚はもちろん、仕事に無関係の人でもいいから話をすると、思いもよらぬ展開があるかもしれないのだ（ストレス解消にもなる）。

ひらめいたアイデアの
「管理と保存」については、106ページで解説！
なお、ふせんは自分がもっとも使いやすい
大きさをチョイスしてください（☞P82参照）

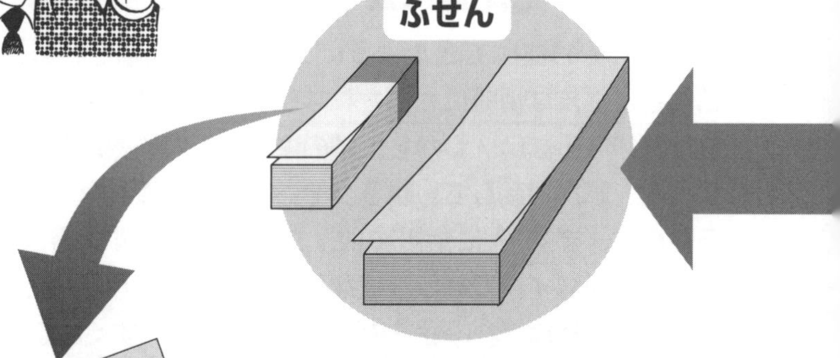
ふせん

井川のトレーニング法

ふせんの利点は、“どこにでも貼れて目立つ”こと。常にバッグの中に忍ばせ、ひらめいたら即、書き記す。あとは手帳やノートに貼るなどし、自分なりに活用していけばよいのだ（☞P82参照）

このふせんを使って大切な〝ヒラメキ〟をキャッチするんです！

2 “人に話すこと”による効果

頭の中の情報を整理するには“情報の要約”が必要となるが、じつは人と話すことによって、それは自動的に消化されていく

◆人に話すと記憶に残りやすい

これまでにも述べてきたように、私たちが仕事を行っていく際には、日々さまざまな情報にさらされながらも、それらをうまく取捨選択しなければならない。しかし、頭の中に多くの情報が蓄積されすぎてしまうと、頭が混乱してしまう。そこで、手っ取り早く頭の中を整理するために、まず“人に話す”のだ。もちろん、話す内容は入手情報に関することがメインでなければならないが、人に話すことによって頭の中の情報が整理され、さらに、記憶にも残りやすくなるのである。

❶情報が蓄積する

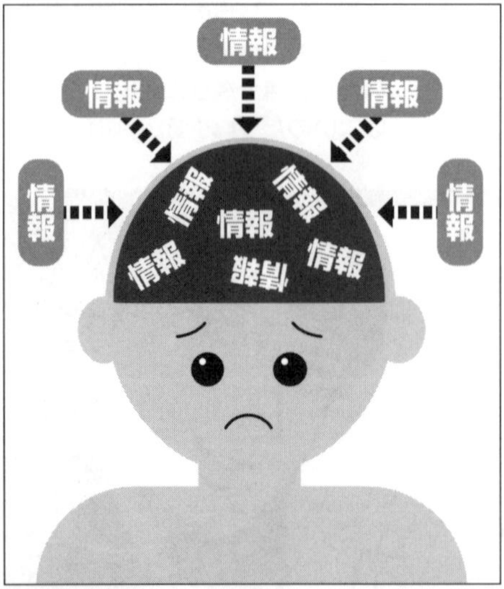

自分の周囲から情報がどんどん流入してくるものの、頭の中に蓄積された情報がごちゃごちゃになり、完全に混乱してしまっている

❷人に話す

!
つまり お前の話を聞くと あの企画はすぐに 着手すべきだと いうことになるな
なるほど! そうなりますね
整理される

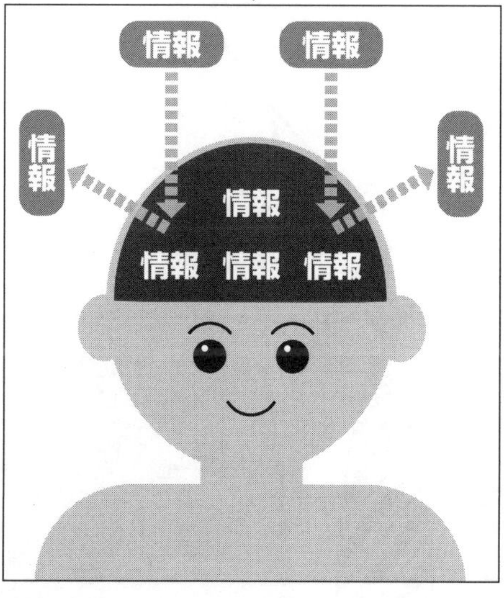
情報
情報
情報
情報
情報
情報
情報
情報

話す相手は上司や同僚など、基本的には誰でもかまわないが、仕事が終わったあとの食事のような、比較的落ち着いて話ができる状況がやはり望ましい。人は話そうとする際、相手に物事を的確に伝えるために、自然に頭の中の情報を「要約」しようとするが、じつは、これこそが“頭の整理”なのであり、このプロセスを経ることによって、入手情報のアウトプットもスムーズになっていくのだ

井川のトレーニング法

第 3 章

ここまでのポイント❶

ポイント 1

頭が混乱した場合には、「まず何からすべきか」を決めると、頭の中が徐々に整理されていく ……………☞P92

ポイント 2

頭の混乱を解消するときには「メモ用紙」を使い、仕事上の問題点をそれに書き出してみる ………………☞P94

ポイント 3

問題点を書き出しても解決策が見つからないときは、そのことをいったん“忘れる”ことも大切 ………☞P95

ポイント 4

頭の中の整理には、『KJ法』のような、「カード」を使った整理術を参考にしてみてもよい ………………☞P96

ポイント 5

突然ひらめいたアイデアは、忘れないよう、すぐにその場でふせんに書き留めておくとよい ………………☞P98

ポイント 6

“人に話すこと”は、話した情報を自分の記憶に留め、さらに頭の混乱を解消する効果がある ……………☞P100

移動時間の活用があなたをレベルアップさせる

1 移動時間を活用する

頭の中の情報は、移動中でも管理することができる。実践すると、仕事の効率は明らかに上がる

意外に多い移動時間

仕事に関係する移動（出・退社時、外出時など）には、通常なら列車やバス、自動車などを利用することになるだろうが、首都圏では、平均の通勤時間は約1時間だという。それゆえ、出社後の外出などを含めた“移動時間”は意外にも多い（左図参照）。もちろん、外出時間には職種上の違いもあるだろうが、移動時間を活用するにあたっては、まずこの現実をしっかりと理解しておきたい

1日の移動時間（電車）の例

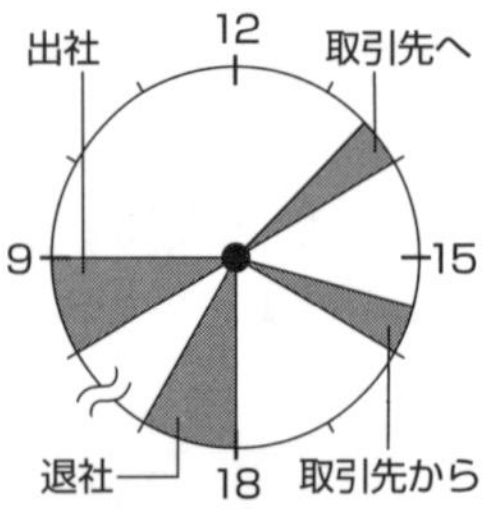

この例では、移動時間の合計は3時間である

ビジネスで成功するための戦略に、「隙間を狙う」という方法があるが、ここでは〝隙間＝移動時間〟と考えてみたい。ビジネスマンが通勤や移動にかけている時間は、決して少なくはないのだ。

取引先などに向かうときは、商談の中身などを考えることになるだろうが、その帰り道には、くつろいで居眠りしたりするよりも、次の段取りを考えるべきだろう。

たとえば、すでに紹介したアイデアふせんにしても、それをどう活かすかについてはデスクワーク中には考えにくい。だが、車中で考えをめぐらすことはできるのだ。

なお、思考する際にはただ漠然と考えず、『オズボーンのチェックリスト』などを活用するとよい。

◆移動時間に行えること

情報の再検証

・当日の新聞記事などを思い起こす
・仕事のスケジュールや段取りを確認する

⚠ 移動時間中の“準備”は状況的に危険！

☞何事も、準備は前もって終わらせておく。列車の車中などの移動時は、必ずしも準備できるような状況になる保証はないのだ

突発的なアイデアはメモする

使うアイテム

●手帳（メモ用紙）

☞P84

●ペン

●ふせん

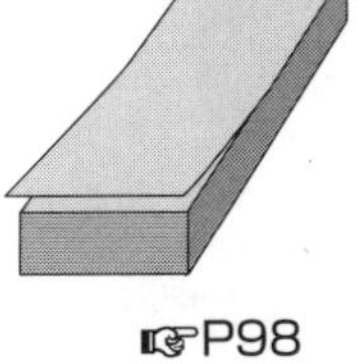

☞P98

●携帯電話

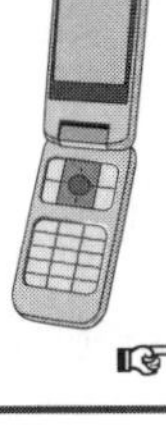

☞P70

2 アイデアの管理と保存

思いついたアイデアをふせんに書き留め、とりあえずの“形”にしたあとは、それをどう管理・保存すればよいかが重要になる

◆アイデアをカードにして保管する

ふせんに書かれた重要なアイデア
☞P98参照

井川のトレーニング法
カードに書き写す

❶ふせんから書き写す

98ページでは、思いついたアイデアをふせんに書き留めるというテクニックを解説したが、手帳やノートに貼り付けたりして活用しているうちに、そのふせんに書かれたアイデアは、徐々に内容がふくらんでいく。ただし、ふせんのままではやがてボロボロになってくるので、保存しておきたい、あるいはしばらく寝かせておきたいアイデアがあれば、丈夫で管理しやすい名刺大程度のカードに書き写してしまう

ふせんのままでは
長期の保管が
難しくなるのです

❷内容をふくらませて書く

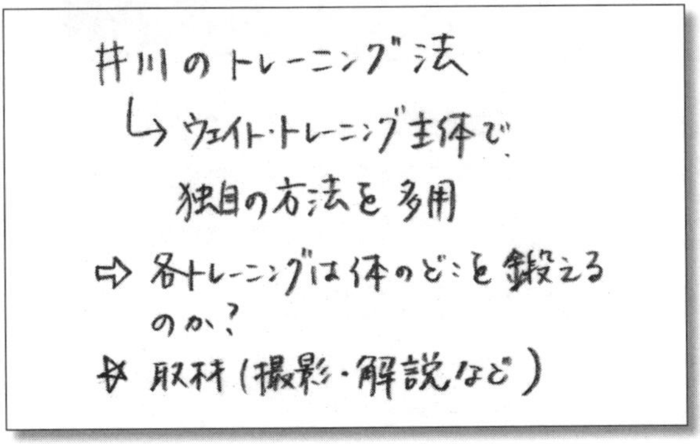

ふせんに書き留めたアイデアをカードに書き写すときには、そのままではなく、ある程度ふくらんだ内容になっていなければならない。ただし、“文章”を書く必要はない。矢印などを使いながら、最初のアイデアから派生したことを箇条書きにしていけばよいのだ

❸保管用ボックスに並べる

名刺ボックスなどを流用してカードを並べるが、インデックスを使うとあとで検索がしやすい。「たしか○○○について書いたな……」と思い出したら、すぐにカードを探して仕事に活用する。このシステムは、発想に行き詰まったとき、とくにその良さが実感できるはずだ

3 アイデアから思考する

「頭」の整理は、最終的に新たな“創造”に結び付かなければならない。整理したアイデアを形にすることが、ゴールなのである

◆『オズボーンのチェックリスト』を使う

前項では、アイデアをカードにして保管する方法を解説したが、そのカードを活用し、さらにそこから思考を発展させるのに役立つ発想法をここで紹介したい。左ページのリストは『オズボーンのチェックリスト』といい、ブレーン・ストーミング法の発案者としても知られるA・F・オズボーン氏が考案した、“物事を創造するための要素の組み合わせパターン”を示したものだ。アイデアをストックしたのならば、それをフル活用して自分の仕事に結び付けなければ意味はない。カードを手に取り、チェックリストの9項目を手がかりにしながら、それぞれのアイデアをさらに深く掘り下げていけばよいのだ。

アイデアカードの内容をチェックリストの項目で思考することが、新たなる発想を生み出していく

オズボーンのチェックリスト

1	転用	・そのままで新たな使い道はないか？ ・改善、改良しての使い道はないか？
2	応用	・これに似たものはほかにないか？ ・何かほかのアイデアを示唆していないか？ ・真似はできないか？
3	変更	・意味、様式、型、動き、色、音、匂いなどは変えられないか？
4	拡大	・より大きく、長く、高く、厚く、強くできないか？ （時間・頻度・付加価値・材料は？）
5	縮小	・より小さく、短く、低く、軽くできないか？ ・何かを減らしたり、省略できないか？
6	代用	・何かで代用できないか？ ・ほかの素材はないか？ ・ほかのアプローチ方法はないか？
7	置換	・要素を入れ替えてみてはどうか？ ・ほかのレイアウトはどうか？ ・ほかの順序ではどうか？
8	逆転	・後ろ向きにしてみてはどうか？ ・上下、左右を引っくり返してみてはどうか？
9	結合	・合体させてみてはどうか？ ・混ぜてみてはどうか？ ・ユニット、目的を組み合わせてみてはどうか？

スランプ脱出のためにまずやるべきこと

1 仕事上の“スランプ”

年に何度かは、誰もがスランプに陥るといわれるが、それを解消することも「頭」の整理の一つだ

◆スランプの原因をつかむ

スランプ解消のためには、まずその原因をつかむ。仕事上で何が問題なのか、あるいは私生活に問題があるのか。もちろん、私的な事情は仕事に関係のないことだが、精神的な問題は仕事にも確実に影響するものだ。

スランプの原因は何だろうか……

一流のアスリートであろうとスランプに陥ることはある。問題はどうやってそこから脱するかだ。

ビジネスマンの場合、スランプの大きな原因は仕事かプライベートかのどちらかになるだろうが、その根本的な原因をクリアできない場合は、いったんそこから離れてみることだ。

たとえば、週末を利用して旅に出てもいいし、1日だけ趣味に没頭するのもいい。スランプから逃げるわけではない。それを乗り越えるための英気を養うためなのだ。

多少お金がかかろうと、自分への投資だと考えて、思い切り気分転換をすることも大切。スランプのことを忘れてしまうくらいに楽しむことが肝心なのである。

仕事上のこと

①自分が携わっている仕事内容に関する問題
②職場内における人間関係のトラブル
③昇降格、異動、転職（退職）などの問題　　ほか

原因

私生活上のこと

①自分の家族や家庭における何らかの問題
②自分の健康（体力）面への不安
③恋愛における男女間のトラブル　　ほか

❷ スランプからの脱出法

スランプを脱するには、精神的なリフレッシュが必要不可欠。とにかく仕事を忘れて、自分の好きなことに没頭してみるのだ

◆“気分転換”をはかる

スランプに突入……

↓

仕事を忘れて、
自分がしたいことをする

↓

スランプを脱出！

スランプに陥るのは、概して心身が疲弊しているときが多い。その状態を脱するには、仕事に無関係のことをしたり、趣味に没頭したりして、まずは“気分転換＝リフレッシュ”をはかるのが得策だ。もちろん、スランプの原因が明確であれば、人に相談するなどしてもよい。

心身を休息させる

久しぶり！

時を忘れ、心身をリラックスさせる。友人との会話やアルコールも効果的

趣味に没頭する

飛べーっ！

自分の趣味やスポーツに打ち込むことにより、人生の充実を実感する

人に相談する

はい！

原因が明らかなら、上司や先輩、友人などから適切なアドバイスを仰ぐ

家族とすごしたり、旅に出たりするのも効果的です！

ポイント！ これらを実践することによって、スランプの原因を解消するための“エネルギー”を得ることができる

3 プラス思考とマイナス思考

スランプは、公私における何らかの不安要素がもとになって発生するものだが、そもそもこの不安要素こそ、自分自身の物事に対する考え方によってもたらされていることが多い

◆2つの思考の違いを知る

プラス思考

●物事に対する考え方があくまでも柔軟で、何事も率直・前向きにとらえる

☞頭の中の情報を「単純」に処理している

マイナス思考

●物事に対する考え方が偏りすぎていて、勝手に気をまわして絶望してしまう

☞頭の中の情報を「複雑」に処理している

「プラス思考」と「マイナス思考」の大きな違いは、考え方の“柔軟性”。プラス思考では物事を柔軟に、そして単純に処理しようという考えが働くので、頭の中も比較的混乱しにくい。

ここでは、
悩みや不安が生まれやすい
2つのケースをもとに、
プラスとマイナスの両思考を
比較してみました

ケース❶

仕事でミスをした

・なぜミスしたのか？
・どう対処すべきか？
・これを糧にしよう

・もうおしまいだ
・また叱られる
・私はダメな人間だ

「マイナス思考」では、現実をあるがままに受け止めず、必要以上に絶望してしまっている

ケース❷

私生活で悩みがある

・誰でも悩みはある
・誰かに相談しよう
・改善策はあるか？

・苦しいのは自分だけ
・私は不幸な人間だ
・もうどうでもいい

「プラス思考」では、悩みを持っていることに負い目を感じず、改善しようとしている

井川のトレーニング法
→ウェイト・トレーニング主体で、
独自の方法を多用
⇨各トレーニングは体のどこを鍛えるのか？
☆取材（撮影・解説など）

第 3 章

ここまでのポイント❷

ポイント **7**
移動時間は「情報の再検証」には最適な時間だが、「仕事の準備」にはふさわしくない ……………………☞P104

ポイント **8**
貴重なアイデアも、ふせんのままでは長期の保存は難しいので、「カード」に書き写して保管する………☞106

ポイント **9**
アイデアをより具体化させる場合は、『オズボーンのチェックリスト』を参考にしてもよい ……………☞P108

ポイント **10**
“スランプ”の原因は、基本的に「仕事上の問題」と「私生活上の問題」の2つに大別される……………☞P110

ポイント **11**
スランプを脱するには、とにかく仕事を忘れて“気分転換”をはかることが必要不可欠となる …………☞P112

ポイント **12**
スランプは、物事に対する「マイナス思考」的な考え方がもとになっていることが多い ………………☞P114

第4章

「仕事」の整理術

自分の仕事を段取りよく、そして確実にこなしていくためには、ある“きまり”を実践する。
それだけで、あなたの仕事は劇的に変わるはずだ。

"仕事がデキる"人は時間をこう使っている

1「仕事」の基本常識

「仕事」を整理するうえでは、自分が担当する仕事の"種類"を考慮することも必要不可欠となる

◆仕事の種類を把握する

あらゆる仕事は、左図のように6つの種類に分類することができる。自分が抱えている仕事を整理し、よりスムーズに仕事を進めていくためには、まずはそれらの仕事の性質をしっかりと把握しておかなければならない。

時間がかからない種類の仕事もあれば、時間がかかる仕事もありますね

一口に「仕事」といっても、いろいろな種類がある。大別すれば、①定期的、②その場で処理、③持ち越す、④雑用的、⑤共同作業、⑥自分の意志で行う、の6種の仕事。つまり仕事には、相手の都合に合わせるものも自分のペースで進めるものもあるということだ。

そして、仕事の時間配分とタイミングを考える際のポイントが「隙間時間」。「1時間かかるもの」「15分でできるもの」などに分け、空き時間を有効活用するのだ。

「忙しい人ほど時間を守る」とよく言うが、特別な人はどこにもいない。効率的な仕事をするには、その仕事に必要な時間が読めるか、そして、仕上げるための段取りと集中力があるかが問題なのだ。

不定期に発生するタイプの仕事。あと回しにせず、できるだけその場ですぐに処理してしまうことを常に心がけておく

捺印や集計などのような、定期的・定型的なタイプの仕事。いかにして手間をかけないようにするかが、一つのポイントになる

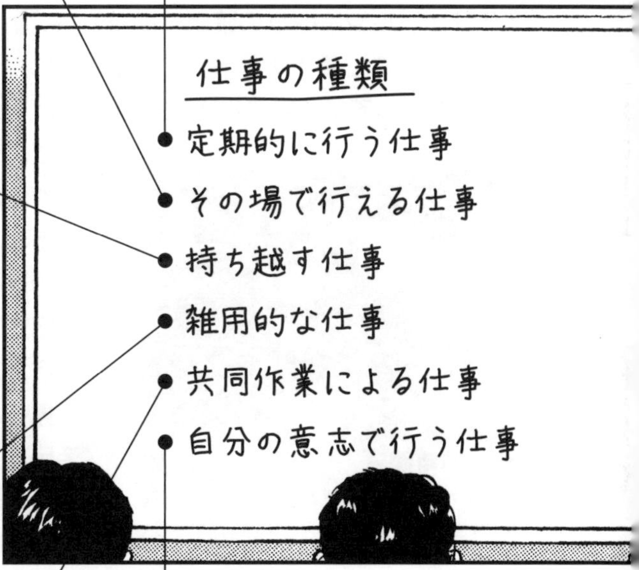

スケジュールや作業量的な問題などにより、1日だけではとても終わらないような仕事

電話やメール、FAXなどを処理したり、コピーを取ったりするような、細切れな仕事

同じテーマについて、複数の人たちが協力し合って作業を行っていくような仕事。基本的に、長期的なプロジェクトが多い

テーマやスケジュールなどについて、自分の意志や考え方に基づきながら行っていくというような、「自発的」な仕事

②「仕事」の整理に使える時間

「仕事」の整理にかぎったことではないが、“仕事がデキる”人はムダな時間を過ごさず、時間を有効に活用していることが多い

◆“隙間時間”を有効活用する

スケジュールや段取りの確認（調整）、各種資料のファイリングなどは、基本的に仕事上の業務としてはカウントされない。あくまでも、自分が担当している仕事を予定通りに進めていくことが“実務”になるのだ。それゆえ、勤務時間中にそれらに多くの時間を割いてしまうと、自分が担当している仕事の進捗にも遅れなどの悪影響が出てしまう。しかし、左図のような、1日の勤務時間の所々に見られる“隙間時間”を上手く活用していければ、メインの業務に大きな影響を与えることなく、仕事の整理を行うことができる。

●待ち時間
外出時、打ち合わせなどの待ち時間を利用すれば、資料などの確認ができる

ピ
ピ
ピ
ピ

●移動時
簡単な用件であれば、移動中の車中（タクシーなど）からでも連絡ができる

仕事の効率を上げるため、
隙間時間の有効活用は
必要不可欠となります！

●昼休み

食事をしながらでも、これから行うべき仕事の確認などをすることができる

●始業前

始業時刻よりも早く出社すれば、その日1日の仕事の準備や確認ができる

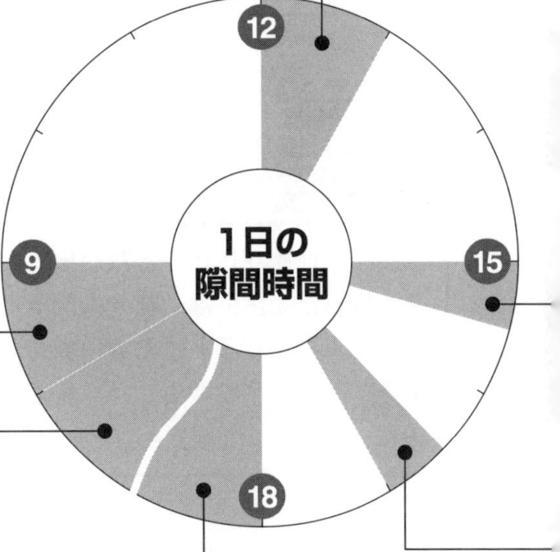

●通勤時

この時間はほぼ規則正しく確保でき、スケジュールなどの確認ができる

●終業後

デスクまわりの整頓や、その日の仕事の再確認ができる。日報記入にも最適

仕事の段取りは“優先度”で決めるのがベスト

1 仕事を“書き出す”

仕事の数が多くなれば、当然、その段取りは難しくなる。しかし、その対策は意外にも単純明快だ

手持ちの仕事が増え、どれから着手すべきかわからなくなった場合には、自分の仕事内容をすべて書き出してみる。すると頭の中が劇的に整理され、まず何をすべきか（段取り）が見えてくるはずだ。ちなみに、図中の「委任」とは“他人に任せる”ことだ

仕事の段取りをつける場合、頭の中だけで考えても道筋は見えてこない。その場合は、「項目を書き出す」ことで現状を認識できる。

まずは思いつくままに、抱えている仕事を1つずつふせんなどに書き、全体像を把握する。次に、「緊急性＝いつまでに仕上げなければならないのか?」「重要性＝自分にしかできないのか、誰かに任せられるのか?」「時間性＝どれくらいの時間が必要か?」の3つを軸にして並べ替えれば、優先度が見えてくるはずだ。

そして、ある程度見えてきたならば、卓上カレンダーに書き込んでもよい。忙しい時期や余裕のある時期が一目でわかり、無理のないスケジュールが組めるだろう。

❶ふせんに書き出す

自分の仕事を、1つ1つふせんに書き出してみる。そして「最優先」「優先」「委任」の列を決め、各列に作業を書き記したふせんを並べていく。このときは、ふせんをA3サイズ用紙に貼り付けるとよい（A3は2つ折りにすればA4になり、収納もしやすい）

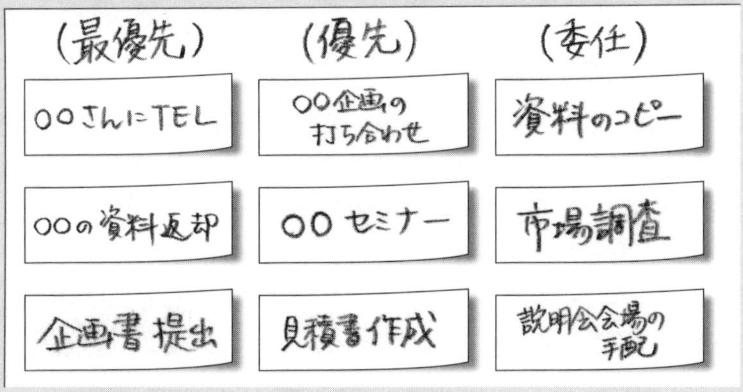

❷紙に書き出す

ノートなどを利用し、「仕事」「最優先」「優先」「委任」の欄を設ける。そして、自分が抱えている仕事内容を簡潔に1つ1つ書き出したら、それらが「最優先」「優先」「委任」（☞次項参照）のどれに当てはまるかを考え、欄に○を付けていけばよい

仕事	最優先	優先	委任
企画書提出	○		
説明会会場の手配			○
資料のコピー			○
○○さんにTEL	○		
見積書作成		○	

2 仕事の優先度の考え方

自分の仕事の段取りを、優先度（「最優先」「優先」「委任」）別に判断する際には、ある一定の“要素”をもとにしたほうがよい

◆“3つの要素”で判断する

自分が抱えている仕事を1つ1つ書き出し、「最優先」「優先」「委任」に分類していくという方法を前項で解説したが、その際には左図のような“3つの要素”を基準に判断してみるとよい。仕事の段取りを決める際には、どちらかというと自分の能力や経験則に頼りがちになる傾向があるが、常にこれら3つの要素をベースに判断していけば、仕事をより効率よく進めていくことができるだろう。

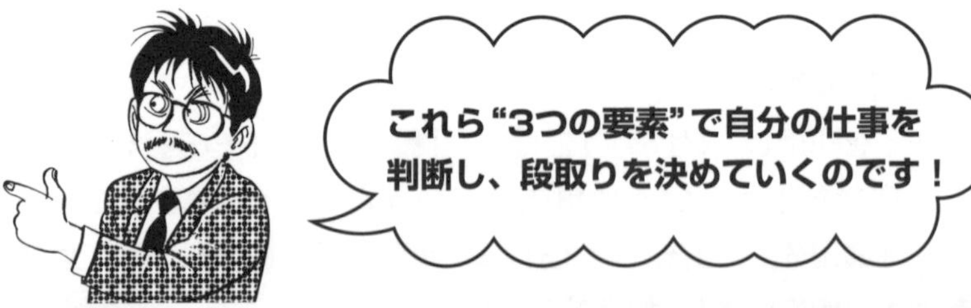
これら“3つの要素”で自分の仕事を判断し、段取りを決めていくのです！

仕事は〝優先度〟で動いていく……

❶ 緊急性

・期限までに余裕はあるか？
・早く仕上げることでメリットはあるか？

❷ 重要性

・自分がやらなければならない仕事か？
・ほかの人との共同プロジェクトか？

❸ 時間性

・完了までに時間がかかる仕事か？
・手間ひまがかかる仕事か？

以上の
❶〜❸の要素を
もとにしながら、
仕事の優先度を
判断する

この仕事は
急ぐべきだな

3 卓上カレンダーの活用

仕事の段取りには、スケジュール管理の意識も不可欠だ。優先度を考える以前に、それぞれの仕事の予定日も整理しておきたい

◆中長期単位の予定を管理する

オフィスでの「卓上カレンダー」の使用頻度は想像以上に高く、カレンダーを置いている人のほとんどは、それを単なる暦としてではなく、“やるべきこと”を簡潔に記入しながら活用しているようだ。86ページでは手帳の週間スケジュールの記入例を解説しているが、卓上カレンダーは目に触れる機会も多く、中長期（1週間、1か月）の予定が一目で把握できるのと同時に、電話中に発生した突発的な予定などもその場で書き込みやすい。仕事の段取りをつけていくためには、ぜひともフルに活用したいアイテムといえる。

❶予定を消化したら、印を付けておく。こうすることで、仕事のささやかな“達成感”も味わえる

❷予定が移った場合は矢印で示すとよい。いちいち消す必要はなく、このほうが当初の予定がいつだったのかがわかる

❸出張などのような数日にわたる予定は、このような矢印で表現するとわかりやすい

❹定休日以外の個人的な休みなどについては、丸囲みにして目立たせる。色ペンなどで記入しておけばさらにわかりやすくなる

ある程度の大きさで、記入欄にゆとりのあるタイプのほうが使いやすい

記入例

SUN	MON	TUE	WED	THU	FRI	SAT
28	29	30	31	1 ❶ 健康診断	2	3
4	5 芥川氏 打ち合わせ 15:00	6	7	8 松坂氏 11:30	9 ❷	10 ※仙台へ
11	12	13 原稿締め切り	14 ❸ ←→ 札幌取材	15	16	17
18	19 ❹ 休	20 海老名へ ～13:00	21	22 納品 ～16:00	23 企画会議 14:00～	24 ※西伊豆（釣り）
25	26 プレゼン（本社会議室）14:00～	27	28 営業部と打ち合わせ 10:00～	29	30 係で飲み 18:30～	1

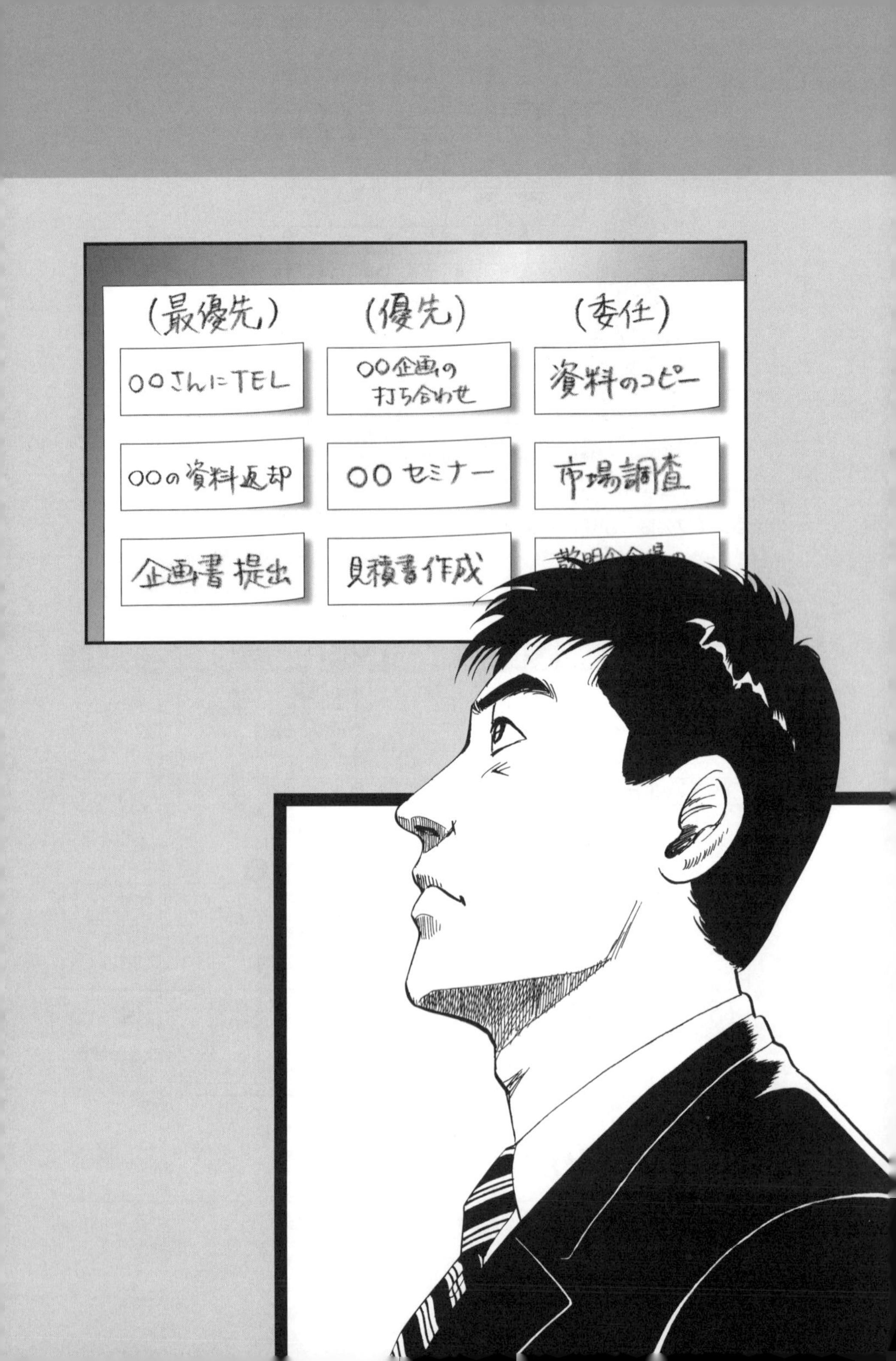
(最優先)
(優先)
(委任)
○○さんにTEL
○○企画の打ち合わせ
資料のコピー
○○の資料返却
○○セミナー
市場調査
企画書提出
見積書作成

第 4 章

ここまでのポイント❶

ポイント 1
あらゆる仕事は、基本的に「6種類」に分類されることを“常識”として把握しておく ……………………… ☞P120

ポイント 2
仕事の効率化には、勤務時間内（通勤時間含む）の“隙間時間”の有効活用が不可欠となる ……………… ☞P122

ポイント 3
仕事の「段取り」をつけるときは、まず自分が抱えている仕事を書き出し、全体像を把握する ………… ☞P124

ポイント 4
仕事を書き出すときには、それぞれの仕事を「最優先」「優先」「委任」に分類する作業も行う …………… ☞P125

ポイント 5
仕事の優先度（最優先・優先・委任）は、「緊急性」「重要性」「時間性」の3要素から判断する …………… ☞P126

ポイント 6
オフィスの定番「卓上カレンダー」は、中長期単位の予定管理にはとても有効なアイテムだ ………… ☞P128

「仕事」の整理術

コミュニケーションの鉄則は〝報・連・相〟

1 報・連・相の徹底

報・連・相とは、「報告・連絡・相談」の略。これが徹底されていないと組織は円滑に動かなくなる

◆まず直属の上司に伝達する

仕事をスムーズにこなすためにも、組織の“コミュニケーション”の一つ、「報・連・相」の徹底をはかりたい。仕事は本来、周囲の協力があってこそうまくいく。ただし、それには注意も必要で、直属の上司への伝達からはじめなければ、思わぬ混乱を招きかねない。

すみません
井川氏の取材
失敗しました

ビジネスの世界では、〝ホウレンソウが組織を強くする〟とよく言われる。これはもちろん野菜ではなく、「報告・連絡・相談」から１文字ずつをとったものだ。

そして、相手が誰であろうと、話の内容を的確に伝えるためのポイントが「５Ｗ１Ｈ」。これは新聞取材のためのイロハとも言われるが、事実や状況を簡潔かつ正確にまとめるテクニックでもある。「報・連・相」時に上司と直接話をするのなら、事前に自分の頭の中で話を整理しておきたい。

なお、「報・連・相」はいい話よりも何か問題が起きたときこそ速やかに行いたい。話しにくいだろうが、問題は時間が経つほど解決しにくくなるものなのだ。

報《ホウ》（報告）

・こまめに経過報告をする
・失敗やトラブルは、どんな小さなことであってもすぐに報告する

連《レン》（連絡）

・連絡の際は、内容を間違えないようにすぐに連絡をする
・外出時などにも、自分の所在や行動予定などを明らかにする

相《ソウ》（相談）

・困ったことがあっても一人で解決しようとせず、上司などに相談する
・相談の件についての経過や結果は、必ず逐一報告する

2 的確に伝える"話法"

相手側に自分の考えをいかに的確、かつスムーズに伝えられるかによって、自分の仕事の進捗にも大きな影響が出る

◆「5W1H」をもとにして話す

仕事においては、いつ何時となく、相手に話をしなければならない状況に遭遇するものだ。しかし、自分が考えていることが相手に的確に伝わらなければ、再度話をしなければならないことにもなりかねず、仕事の効率も悪化してしまう。相手に話をする際には、左ページの「5W1H」に則しながら話を展開するようにするだけで、話の伝達効率は間違いなく上がっていくだろう。

5W1Hの意識が
自分の話の〝整理〟
につながるのです

5W1Hとは？

W	WHEN (意) いつ、どのくらい	話す時間の配分
	WHERE (意) どこで	話す場所の確認
	WHO (意) 誰が（に）	話す相手の把握
	WHAT (意) 何を	話す中身の検討
	WHY (意) なぜ	話す理由の明確化
H	HOW (意) どのように	話し方の改善

「仕事」の整理術

人脈をつくるコツは名刺への情報記入にアリ

1 名刺の“有効化”

もらった名刺はそのまま保管せず、表に情報を書き込むことによって、貴重な“情報源”にする

はじめまして
鈴木と
申します

仕事をするほど増えていく名刺。もらった名刺には「日付・場所・用件」のほか、相手の特徴や話に出た趣味や好みなどを記入しておいてもよいだろう。

ビジネスマンの名刺の数は〝誇り〟ともいえるだろうが、整理しておかないと活用しづらい。基本的には使用頻度で①使用組、②保存組、③蔵入組に分けるとよい。

①は現在進行中の案件に関わる相手。名刺整理器などに収納し、いつでも取り出せるようにする。②は仕事が一段落しても連絡を取る可能性がある相手。名刺ホルダーなどに入れておく。③は当面、連絡を取ることはない相手。スキャナーなどでデータ化し、必要に応じて確認すればよいだろう。

◆名刺をもらったら……

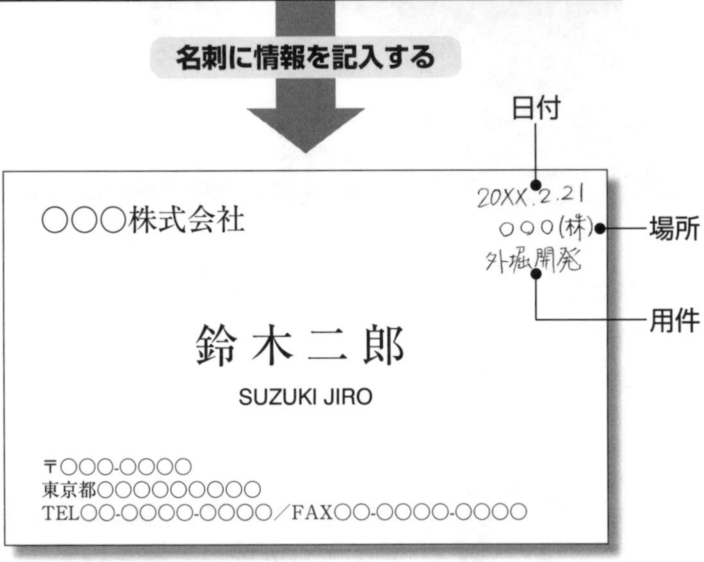

もらった名刺には、右肩のあたり（この辺には余白があることが多い）に受け取った日付・場所・用件などの各種情報を記入しておく。そうすれば、次回アポイントを取ったときに、話のきっかけになったりすることも多い。これで、名刺は“有効化”されたことになるのだ。

2 名刺保管の新常識

情報を記入した名刺は、ここで紹介するような方法で保管する。徹底した名刺管理は、仕事の人脈整理には欠かせないことだ

◆名刺がたまったら……

仕事の経験を重ねることでもらった名刺は徐々にたまっていく……

ビジネスマンとしての経験を重ね、仕事上のつき合いが増えるほど、名刺の数は増えていく一方となる。そこで年に1回、ちょうど年末が近くなった頃に、年賀状作成での宛名確認をするときを利用して、左ページのような3つのグループで名刺を分類・保管するとよい。

もらった名刺は、左のようなアイテムを使って保管します

名刺整理器

頻繁に連絡する人の名刺は、使いやすい名刺整理器などにストックする

使用

名刺ホルダー

それほど連絡しない人の名刺は、名刺ホルダーなどに入れて保管する

保存

ドキュメントスキャナー

長く使っていない名刺はドキュメントスキャナーなどでデータ化し、パソコンの中に取り込んでおく。なお、名刺そのものは捨ててもかまわない

蔵入

☞30ページで紹介した複合機を使っても、名刺のデータ化は可能

○○○株式会社
20XX.2.21
○○○(株)
外堀開発
鈴木二郎
SUZUKI JIRO
〒○○○-○○○○
東京都○○○○○○○○○
TEL○○-○○○○-○○○○／FAX○○-○○○○-○○○○
か
お
き
い

第4章

ここまでのポイント②

ポイント 7
仕事をスムーズにこなしていくため、「報・連・相」によるコミュニケーションを徹底する ……………☞P132

ポイント 8
「報・連・相」の際には、必ず自分の直属の上司への伝達からはじめる ……………………………………☞P132

ポイント 9
相手に対して的確に自分の考えを伝えるためには、「5W1H」に則した話を展開するとよい……………☞P134

ポイント 10
名刺をもらったら、名刺の右肩付近の余白に「日付・場所・用件」などの情報を書き込んでおく ………☞P136

ポイント 11
たまった名刺は、「使用」「保存」「蔵入」の3つのグループに分けて保管しておくとよい ………………☞P138

ポイント 12
「蔵入」に分類した名詞は使う機会が少ないので、スキャニングでデータ化してもよい ………………☞P139

エピローグ

整理術の「極意」

本書の最後に、整理をするうえでの大切な考え方、いわば“極意”をまとめた。仕事をよりスムーズにこなすためにも、ぜひ目を通してほしい。

整理術の「極意」

あなたは〝整理〟と〝整頓〟の違いを言えるか？

① “整理”と“整頓”の違い

「整理とはどういうことか？」
〈整理と整頓の違い〉
・ものを「要」「不要」に仕分ける ⟶ 整理
・ものを使いやすく並べる ⟶ 整頓
・不要なものを捨てる ⟶ 整理
・ラベルを付けて探しやすくする ⟶ 整頓
〝整理〟と〝整頓〟の違いをよく理解することも大切です

ものの〝整理〟というと、たんに「しまう・片づけること」と思いがちだが、じつは違う。「整理」とは、まず必要なものと不要なものを仕分け、不要なものを処分し、そのうえで、ものをすぐに使える状態にしておくことだ。

たとえきれいにものが並んでいたとしても、使い勝手が悪ければ、本当の意味で整理されているとはいえないのだ。

逆に、多少見た目が悪かろうと、時間をかけずに必要なものを手にできるのであれば、充分に「整理」された状態といえる。

快適な仕事環境を作って仕事の効率を上げ、その結果として、その人の人生をも充実させる。それが真の〝整理〟なのである。

整理

❶必要・不要に「仕分ける」

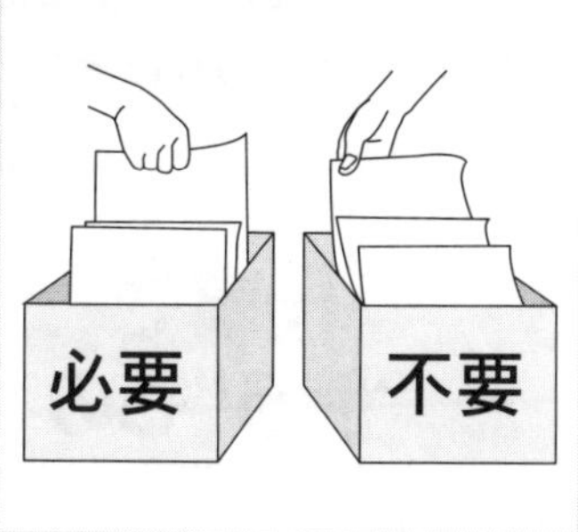

❷不要であれば「捨てる」

整頓

❶使いやすく「配列する」

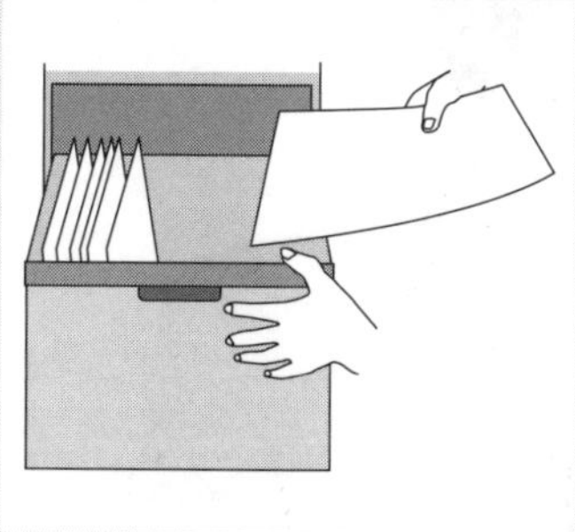

❷探しやすく「ラベルを付ける」

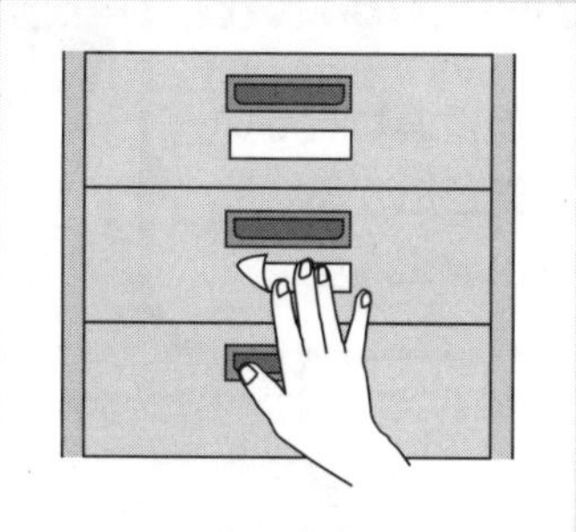

“整理”と“整頓”は元来違うものだが、これらが一体化することによってはじめて、“真の整理”となるわけです！

❷ “整理”するとどうなるのか？

身のまわりの「モノ」やさまざまな「情報」、そして自分自身の「頭」の中を整理することは、仕事の効率を上げるための重要なポイントとなり、より充実した人生を歩むためのきっかけとなる

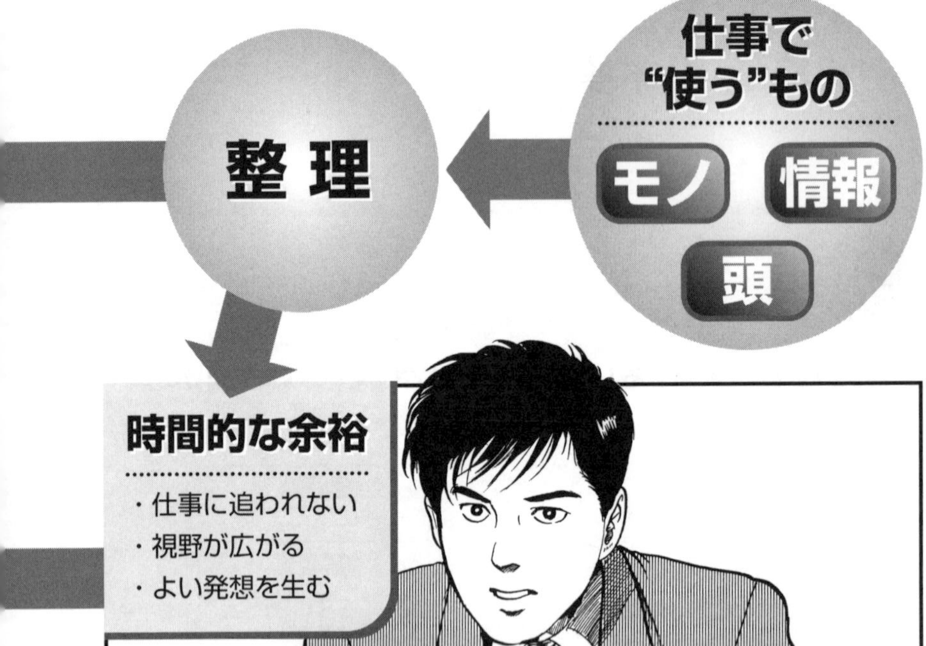

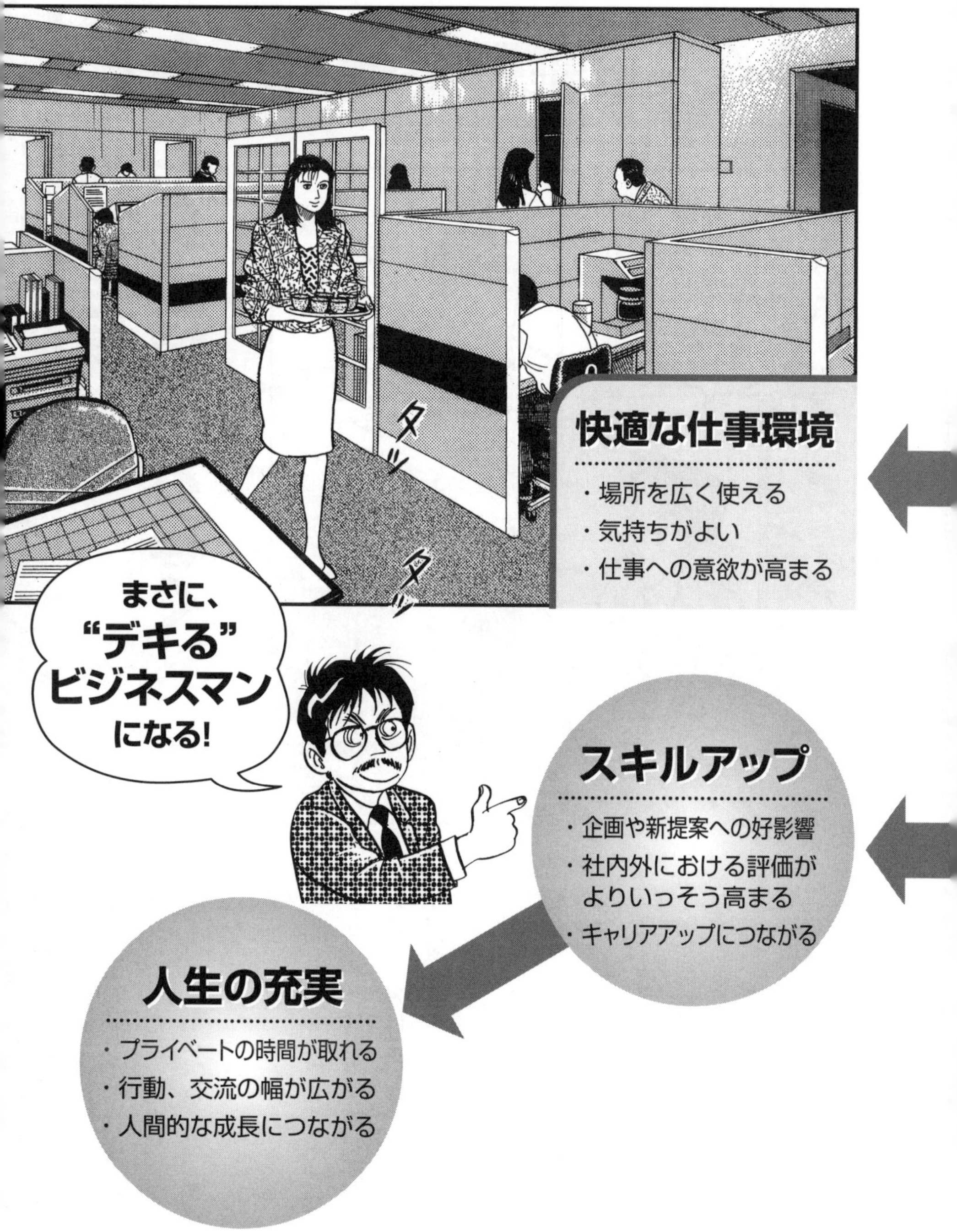
タッ
タッ
快適な仕事環境
・場所を広く使える
・気持ちがよい
・仕事への意欲が高まる
まさに、“デキる”ビジネスマンになる!
スキルアップ
・企画や新提案への好影響
・社内外における評価がよりいっそう高まる
・キャリアアップにつながる
人生の充実
・プライベートの時間が取れる
・行動、交流の幅が広がる
・人間的な成長につながる

整理術の「極意」

〝脱・完璧主義〟があなたを成功へと導く

1 完璧主義はやめる

ちゃんと整理してるじゃない
できることだけやってみました

「整理」が苦手な人というのは、あまりにも理想的な形や完璧さを追い求めるあまり、いわば〝整理のための整理〟という落とし穴にはまりやすい。

一見、整然としているように見えても、その形が現実的ではないために、実際は使い勝手が悪かったり、何をどこに置いたかがわからず、書類にしても文房具にしても、結局、探すのに手間取ることになるのだ。

多少、他人からは散らかって見えたとしても、何がどこにあるのかがすぐにわかり、また、自分が整理すべきなのはいったい何なのかということをしっかりと把握していれば、誰でも効率的に仕事を行うことができるのである。

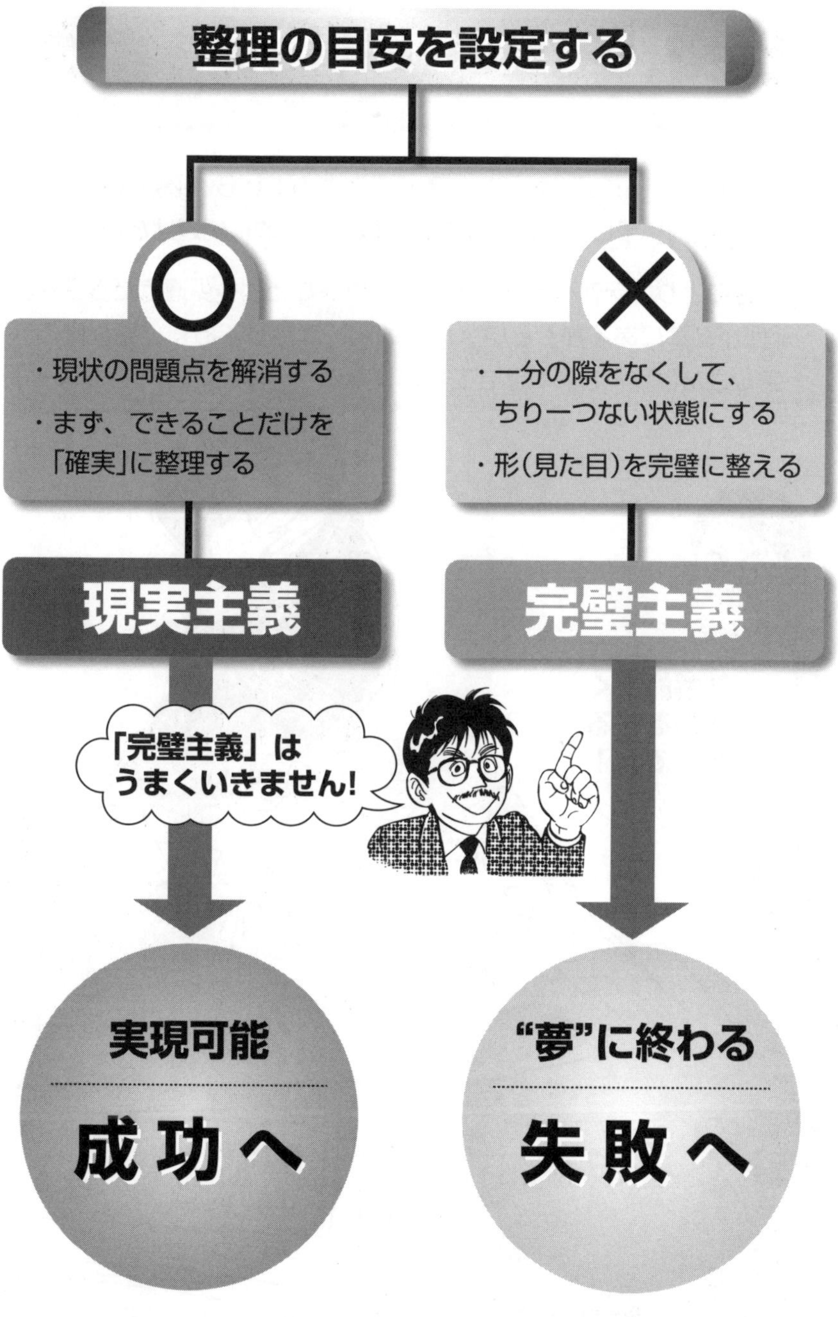
整理の目安を設定する
○
・現状の問題点を解消する
・まず、できることだけを「確実」に整理する
現実主義
実現可能
成功へ
×
・一分の隙をなくして、ちり一つない状態にする
・形(見た目)を完璧に整える
完璧主義
"夢"に終わる
失敗へ
「完璧主義」はうまくいきません!

2 見た目より質を重視する

- 少々雑然としていても、たとえばデスクの上なら、必要なモノを20秒以内に手にすることができれば、基本的に問題はない
- 業種により、デスクまわりのレイアウトなどは多少違うだろうが、「何がどこにあるか」ということは常に意識しておく。見た目の美しさだけにとらわれすぎてはいけない

効率的よく
仕事をする
ためです！

③ 整理する対象を把握する

モノ

- □ デスクまわり
- □ 書類、郵便物、電子媒体
- □ 本棚
- □ バッグ

ほか

☞第1章（P8）

情報

- □ パソコン関係
- □ 情報素材（記事など）
- □ メモ、ふせん
- □ 手帳

ほか

☞第2章（P52）

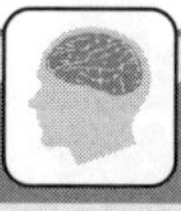

頭

- □ 混乱状態
- □ アイデア
- □ 思考
- □ 精神面（心）

ほか

☞第3章（P90）

仕事

- □ 仕事内容
- □ 段取り
- □ 話法
- □ 名刺（人脈管理）

ほか

☞第4章（P118）

本書では、上記の「モノ」「情報」「頭」「仕事」という4つの“整理”をテーマとしているが、これらを実践することによって生産性が向上し、自分自身の時間的な余裕も生まれる。つまり、「仕事の効率」が上がる。整理の目的は、ココにあるのだ

整理術の「極意」

いらないモノを捨てるときの判断基準

①「捨て方」の基本

夏休みやゴールデンウィーク、正月休みの直前などに時間を見つけ、年に2回の整理を行う。そのときは、以下のような流れでモノを捨てるとよい

確認する

書類などのモノのほか、各種情報、データ等をすべて確認する

不要なモノが増えると、モノを探す行動が必然的に多くなるため、「整理」は欠かせないものとなる。その際に肝心なのは〝捨てる〟ことだが、一定の基準を設けると判断しやすくなる。

たとえば、①すべてのモノや情報、データ等に目を通し、仕事に必要なモノ（情報）だけを残して捨てる、②「収納スペースに収まらなくなった」「一定の時間が過ぎた」など、空間的・時間的尺度で捨てる、③保留箱などに、判断に困ったモノを一時保管。次回の整理までに使わなければ捨てる、といった具合だ。

いずれにせよ、モノを捨てる際には〝迷ったら捨てる〟ぐらいの強い意志が必要不可欠となる。

❶残す

仕事で必要となるモノは残し、整理する
（情報やデータ等は古くなったら捨てる）

☞具体的な整理方法については第１～2章参照

❷捨てる

捨てるかどうかは、①時間、
②場所、という2つの基準を
もとにして判断する

☞次項参照

❸保留する

何だっけ
この書類……

保留箱

捨てるかどうか判断できなければ保留箱などに入れ、次回の整理まで使わなかった場合は“迷わず”捨てる

②判断基準は“時間と場所”

◆“必要なモノ”と“不要なモノ”

「整理」の元来の意味は、モノを必要・不要に仕分け、不要であれば捨てることだが（☞P144）、「必要なモノ」「不要なモノ」はそれぞれ、次のように定義することができる。

必要なモノ	たとえ時代遅れの形でも、いつまでたっても個人的に「関心」があるようなモノ
不要なモノ	時間の経過とともに「関心」がなくなり、使われない状態が続いているようなモノ

「時間」とともに関心がなくなれば不要なモノとなり、
「時間」とともにモノが増えて、それを保管するための
「場所」がなくなれば、モノを捨てなければならない

「捨てる」基準は“時間と場所”ということになる

判断基準❶　時間

・時間が経過するにつれて、「関心」がなくなった
・最近では、使われない状態が続いている

判断基準❷　場所

・保管する場所の許容量をとうとう超えてしまった

捨てる
ゴミ
捨てる

時間と場所の見極めがモノを「整理」する際の重要なポイントとなる
SCRAP

整理術の「極意」

あなたはこれから何を整理すればいいのか？

現状を確認する

「整理」の基本をおさえたら、今度は会社における自分自身の現状を細かくチェックし、どんな問題があるのかを把握する。そうすることによって、自分は何を整理すべきなのかがわかるのだ

自分は何を整理すべきなのか……

これまでの解説によって、〃整理する〃ということの意義を、大筋で理解していただいたとは思うが、ここであらためて、仕事における自分自身の現在の状況を確認してみてほしい。

仕事上で人々が抱えやすい問題点には、左ページのチェックリストに記したようなものがあると思われるが、自分の仕事状況を思い出してみたとき、いったいどれが当てはまるだろうか？　おそらく、個人によって多かれ少なかれの違いはあるだろうが、これはテストではないので、数が多くても一向にかまわない。

チェックが付いた場合は、それを改善するための〃整理術〃を実践していけばよいのだ。

“整理ポイント”がわかるチェックリスト

Q. 仕事における、あなた自身の問題点は？

□担当している仕事の「種類」が多い	☞モノ、情報、頭、仕事
□１日あたりの仕事量が多い	☞モノ、情報、頭、仕事
□担当の仕事以外の雑務が多い	☞モノ、情報、頭、仕事
□仕事上の書類の種類や量が多い	☞モノ、仕事
□情報をため込んでしまいがち	☞情報
□調べものが多い	☞モノ、情報、頭
□顧客や取引先からの電話が多い	☞モノ、情報
□仕事上の外出が多い	☞頭、仕事
□書類を取り出すのに時間がかかる	☞モノ、情報
□書類や文房具等をなくしやすい	☞モノ
□片づけてもすぐに散らかってしまう	☞モノ
□朝から仕事に気持ちが乗らない	☞頭
□考えがなかなかまとまらない	☞頭
□仕事を先送りにしがちだ	☞仕事
□仕事は何でも完璧にこなしたい	☞頭、仕事
□上司や同僚との連携がうまくいかない	☞仕事
□仕事を一人で抱え込むことが多い	☞頭、仕事
□相手の都合に左右されがち	☞仕事
□仕事上のミスやトラブルが多い	☞頭、仕事

「モノ」：第1章、「情報」：第2章、
「頭」：第3章、「仕事」：第4章をチェック！

●参考文献

『“快適仕事”の道具術』大野むつみ（中経出版）
『［図解］整理術』壺阪龍哉（三笠書房）
『整理がうまい人の習慣術』三橋志津子（河出書房新社）
『仕事の整理術・改善術』堀江恵治（ぱる出版）
『気がつくと机がぐちゃぐちゃになっているあなたへ』
リズ・ダベンポート／平石律子訳（草思社）
『整理術』黒川康正（ごま書房）
『整理術入門』黒川康正（ごま書房）
『魔法のように片づく！見つかる！ ファイルの技術』刑部恒男（すばる舎）
『情報整理術66の方法』西村晃（成美堂出版）
『頭のいい人の片づけ方』マイク・ネルソン／田内志文訳（PHP研究所）
『情報整理術クマガイ式』熊谷正寿（かんき出版）
『ビジネス成功のコツ500』ベクトル・ネットワーク編著（かんき出版）
『「捨てる！」技術』辰巳渚（宝島社）
『成功する人の整理術』梅森浩一（幻冬舎）
『仕事の基本81の法則』TM人材開発研究所（大和出版）
『整理力をつける』黒川康正（日本経済新聞社）
『管理職の仕事術』廣末好彦（日本経済新聞社）
『「超」整理法』野口悠紀雄（中央公論新社）
『スーパー書斎の仕事術』山根一眞（アスペクトブックス）
『アイデアのつくり方』ジェームス・W・ヤング／今井茂雄訳（TBSブリタニカ）
『デジタル書斎の知的活用術』杉山知之（岩波書店）
『脳を活かす！ 必勝の時間攻略法』吉田たかよし（講談社）
『こんなやり方があった！ 実践書類＆情報整理術』（日経BP社）
『スキャンの本』（富士ゼロックス株式会社）
『THE21』
『BIG tomorrow』

●協力

アスクル株式会社
（個人・SOHO向けネットショップ　ぽちっとアスクル http://askul.jp/）
富士ゼロックス株式会社
グーグル株式会社
ヤフー株式会社
ユミルリンク株式会社

弘兼憲史（ひろかね　けんし）

1947年山口県生まれ。早稲田大学法学部卒。松下電器産業販売助成部に勤務。退社後、1976年漫画家デビュー。以後、人間や社会を鋭く描く作品で、多くのファンを魅了し続けている。小学館漫画賞、講談社漫画賞の両賞を受賞。家庭では二児の父、奥様は同業の柴門ふみさん。代表作に、『課長 島耕作』『部長 島耕作』『加治隆介の議』『ラストニュース』『黄昏流星群』ほか多数。『知識ゼロからのワイン入門』『知識ゼロからのカクテル＆バー入門』『知識ゼロからの簿記・経理入門』『知識ゼロからの企画書の書き方』『知識ゼロからの敬語マスター帳』『知識ゼロからのM＆A入門』『知識ゼロからのシャンパン入門』（以上、幻冬舎）などの著書もある。

装幀　カメガイ デザイン オフィス
装画　弘兼憲史
本文漫画　『課長 島耕作』『部長 島耕作』『取締役 島耕作』『常務 島耕作』『ヤング 島耕作』『加治隆介の議』（講談社刊）より
本文イラスト　松岡正記
本文デザイン　FROGRAPH
編集協力　ロム・インターナショナル
編集　福島広司　鈴木恵美（幻冬舎）

知識ゼロからのビジネス整理術

2007年3月25日　第1刷発行
2008年2月25日　第2刷発行

著　者　弘兼憲史
発行者　見城　徹

発行所　株式会社 幻冬舎
〒151-0051　東京都渋谷区千駄ヶ谷4-9-7
電話　03-5411-6211（編集）　03-5411-6222（営業）
振替　00120-8-767643
印刷・製本所　株式会社 光邦

検印廃止

ISBN978-4-344-90103-2 C2095
Printed in Japan
幻冬舎ホームページアドレス　http://www.gentosha.co.jp/
この本に関するご意見・ご感想をメールでお寄せいただく場合は、comment@gentosha.co.jpまで。